MULHERES QUE SABEM ENRIQUECER

KATHLEEN MACEDO

Copyright © 2020 Kathleen Macedo
Todos os direitos reservados.
ISBN: 9798677893049

DEDICATÓRIA

Para você, que deseja ser protagonista em sua vida e entende que a maior conquista de uma mulher é se tornar emocionalmente plena e financeiramente independente.

INTRODUÇÃO 1
1 – POR QUE VOCÊ MERECE UMA VIDA PLENA 1
2 – QUEM VOCÊ QUER SER, FORMIGA OU CIGARRA? 5
3 – OS DESAFIOS DA MULHER MODERNA 7
4 - TUDO NÃO TERÁS 14
PARTE I – GERAR RENDA EXTRA 17
5 - MULHERES QUE ME INSPIRAM A IR ALÉM 17
6 – A RENDA PASSIVA É O CAMINHO 20
7 – GANHAR DINHEIRO ENQUANTO DORME 23
8 – NÃO VACILE NO CAMINHO DA RENDA EXTRA 30
9 – POR QUE TANTAS PESSOAS ADORAM FIIS E DIVIDENDOS 35
PARTE II – ECONOMIZAR 39
10 – QUANDO VOCÊ ESTÁ ENCURRALADA E NÃO PERCEBE 39
11 – NÃO QUERO ENTRAR EM UM CASAMENTO COM DÍVIDAS 41
12 – ARMADILHAS QUE VOCÊ DEVE EVITAR 45
13 – O SEGREDO PARA GUARDAR DINHEIRO 48
14 – ORÇAMENTOS NÃO SE SUSTENTAM COM DÍVIDAS 55
15 – ELABORANDO O SEU PLANO PARA DESENDIVIDAR 58
PARTE III – INVESTIR 63
16 – O QUE VOCÊ PRECISA SABER ANTES DE COMEÇAR 63
17 – ENCONTRE UM ANALISTA PARA CHAMAR DE SEU 67
18 – PROTEJA O SEU BEM MAIS CARO: SUA FAMÍLIA 69
19 – PREPARE O PORTO SEGURO: RESERVA DE EMERGÊNCIA 72
20 – COMPRAR CASA PRÓPRIA OU MORAR DE ALUGUEL? 74
21 – DESCUBRA O SEU PERFIL DE INVESTIDOR 78
22 – RENDA FIXA - VOCÊ PRECISA TER 81
23 – O BÊ-A-BÁ DO MERCADO DE AÇÕES 85
24 – DEFININDO ESTRATÉGIA E CARTEIRA DE AÇÕES 91
25 – COMO USAR O HOME BROKER E NEGOCIAR AÇÕES 96
26 – MEU MÉTODO PARA FAZER RENDA EXTRA COM AÇÕES 99
27 – A IMPORTÂNCIA DE TER ATIVOS NO EXTERIOR 104
28 – FUNDOS IMOBILIÁRIOS VALEM A PENA? 108
29 – ARMADILHAS QUE PODEM CAUSAR PREJUÍZOS 111
30 – COMPRAR OURO COMO PROTEÇÃO 114
31 – SIM, VOCÊ PRECISA DECLARAR IMPOSTO AO INVESTIR 116
32 – QUANDO O FIM É APENAS O COMEÇO 119

AGRADECIMENTOS

Minha gratidão e amor para Jean, por ser um homem extraordinário, que valoriza e aprecia ter uma mulher forte ao seu lado. Agradeço a Pedro, Dora, Kênia e Fabiana, pelas excelentes contribuições no processo decisório da formatação final do livro.

INTRODUÇÃO
1 – POR QUE VOCÊ MERECE UMA VIDA PLENA

Você não chegou aqui por acaso, por mais que possa pensar que comprou este livro em um ímpeto, por simpatia pelo título ou pela autora. Na verdade, essa conexão ocorreu devido a uma conjunção de fatores que, alinhados com o seu desejo de ir além e de conquistar mais para você e para aqueles a quem ama, a conduziram em busca de uma realidade mais feliz, completa e produtiva. Eu gosto de chamar essa realidade de Plenitude.

Eu não conheço a sua trajetória, mas avalio que ocasionalmente você possa se sentir exausta; atordoada diante da inquietante sensação de impotência, estagnação e falta de uma perspectiva clara no horizonte. Eu entendo bem tais sentimentos, porque eu também já estive neste quarto escuro. Vivemos ainda em um mundo machista, que nos estigmatiza e não enxerga o nosso potencial para ser multifuncionais. Mas nós somos multitarefas, conseguimos operar milagres diários e podemos ser empreendedoras de sucesso.

Talvez o que lhe falte seja um pouco de autoconfiança e, principalmente, de fé em si mesma. Tenha ciência de que o mundo continuará marcando-a com um rótulo inferior ao seu real valor, enquanto você permitir. Sinto dizer que sua vida não irá evoluir até que você rompa com o círculo vicioso que a impede de alcançar a tão sonhada Plenitude.

Em nossa jornada de conhecimento, eu vou compartilhar trechos da minha história e exemplos de mulheres próximas que conseguiram transpor ciclos negativos e escrever histórias de valor. Vamos falar sobre ganhar dinheiro, sobre como otimizar as suas despesas para economizar e sim, vamos aprender sobre investimentos com foco na obtenção da independência financeira. Mas, acima de tudo, vamos tratar da mudança de mentalidade que você necessita alcançar para ter uma vivência plena em todos os setores, não importando qual é a sua idade, condição social e recursos disponíveis.

Existe um texto, que foi divulgado mundialmente em um vídeo no YouTube e em canais de TV no final dos anos 90, o qual tem sido um poema de sabedoria para mim, por mais de 20 anos. Esse texto me impactou tanto exatamente por ser uma fórmula para viver em equilíbrio, através do entendimento de preceitos simples. Ele apresenta conselhos valiosos e, se você analisar cada uma de suas frases, verá que, caso cada conselho seja colocado em prática, nossa rotina e relações serão mais fluidas e prazerosas.

Curiosamente, o texto foi escrito por uma mulher, Mary Schmich, colunista do Chicago Tribune e vencedora do Prêmio Pulitzer de 2012. Ela provavelmente o escreveu em uma noite insone e inspirada, visto que o artigo foi publicado às duas da manhã do dia 01 de junho de 1997, sob o título "*Advice, like youth, probably just wasted on the Young*" (Conselho, assim como a juventude, provavelmente desperdiçado com os jovens). Viralizado ao redor do globo, o texto ganhou trilha sonora e imagens motivadoras e você o encontrará no YouTube sob o nome "*Wear Sunscreen*" ou, na versão brasileira, "Filtro Solar". Eu fortemente a encorajo a assistir e ponderar sobre os conselhos dados, tão gentilmente, por Mary. Para reflexão, destaco um trecho que se relaciona com o processo de transição que pretendo promover:

"Não se sinta culpado se não souber o que quer fazer da sua vida. As pessoas mais interessantes que conheço, não sabiam aos 22, o que queriam fazer com suas vidas. Algumas das pessoas mais interessantes de 40 anos que conheço, ainda não sabem."

O que eu quero enfatizar é que não importa em que momento você se encontre e quão perdida possa estar; o que conta é a sua capacidade de dar o primeiro passo rumo à sua vida perfeita a partir de hoje. Independe se você é uma universitária de 22 anos afundada em dúvidas (ou dívidas) ou uma mulher madura de 40, 50, – por que não 70 – procurando um novo direcionamento para a sua existência. O que realmente interessa é o *mindset* ou, em bom português, a mentalidade positiva para se sentir como uma folha em branco e ter a posse da caneta para escrever uma nova história.

A fim de darmos os passos necessários para a sua evolução, quero expor o que chamo de a **Tríade da Prosperidade**, que são os três pilares sobre os quais se alicerça a autossuficiência financeira que todos buscamos: **Gerar renda extra, economizar e investir** são princípios que deveriam ser ensinados na escola, por formarem a base de uma vida financeira saudável.

As pessoas pensam que não podem investir porque não têm dinheiro suficiente e já ouvi de uma mulher que investir era impossível para ela, pois "não tinha bala na agulha para isso". Quando eu digo que você pode ser plena em todos os setores, não importando qual é a sua idade, condição social e recursos disponíveis, eu falo com convicção, por ter exemplos dessa mudança positiva na minha vida e na vida dos que me rodeiam. A minha sobrinha tem 11 anos e a minha mãe, já passou dos 70. O que elas têm em comum e que você também pode ter? Elas entenderam a importância de serem independentes e hoje possuem conta em uma corretora de investimentos. E elas começaram com muito? Não. Elas começaram com valores pequenos e por pequeno entenda-se que se trata de um valor menor do que R$500,00. E você, por que não pode? Você pode.

Percebo ao conversar com amigos e familiares ou ao ler comentários em fóruns e vídeos, que, mesmo buscando orientações com pessoas próximas ou em mídias, as pessoas acabam se fazendo duas perguntas essenciais: Como começar a investir? Onde e em quê investir? Ao buscarem informações, essas pessoas entendem o conceito de investimentos, se interessam por algumas modalidades, se animam com o que aprendem sobre bolsa de valores, mas, na hora de colocar em prática, não sabem o que e como fazer.

Em uma linguagem descomplicada e analisando exemplos da minha experiência, vou conduzi-la na trilha que eu mesma sigo para expandir o meu patrimônio, explicando o passo a passo. Quero evidenciar uma visão consciente de como é possível organizar suas finanças e atingir resultados extraordinários, porém realistas. Não, eu não vou vender uma realidade maquiada, de que a riqueza é uma conquista imediatista e sem suor.

Eu venho acompanhando com interesse – e uma dose de ceticismo – o atual frenesi no YouTube de educadores financeiros e influenciadores. Alguns são sérios e cativaram a minha atenção. Outros são, a meu ver, apelativos e oportunistas, explorando o lado emocional das pessoas, ao venderem a ideia do "Enriquecer fácil e rápido" para todos que assistem os seus vídeos. Segundo esses gurus, todos seremos milionários em pouco tempo. Seus ensinamentos configuram o que eu chamo de a **Tríade da Ilusão**.

Estes três "pilares" não se sustentam porque são irrealistas para o pequeno investidor que possui pouco dinheiro, e a meta de alcançar 1 milhão fatalmente irá demorar anos e depende de diversos fatores (e garanto que nenhum deles é rápido). Para aquele que detém maior capital, a tríade da ilusão pode representar a bancarrota, pois, na ansiedade de alavancar o seu capital, o investidor pode se aventurar em operações com alto risco agregado. Ganhar dinheiro rápido e fácil pressupõe, na maioria das vezes, precipitação e, possivelmente, desorientação. Esteja certa de que, em finanças, o maior amigo da imprudência é a pressa. E ambos não são amigos do seu patrimônio.

Tomar boas decisões com agilidade é diferente de fazer escolhas desastrosas com agilidade. O investidor impaciente irá aportar os seus recursos em ações de empresas sem fundamento, alocará todo o seu capital em operações no mercado de opções sem ter o devido conhecimento para isso, entrará em uma pirâmide financeira ou comprará todos os cursos online e produtos digitais das pessoas bem vestidas, que aparecem nas redes sociais com carrões, sugerindo a perspectiva de obtenção de altos ganhos em métodos nos quais você poderá trabalhar de qualquer lugar do mundo.

Sejamos críticas em nossa análise: entre as pessoas que assistem vídeos ou fazem cursos de educação financeira, uma parcela significativa desistirá pelo caminho, uma parte alcançará resultados bons ou muito bons no médio/longo prazo, e um pequeno grupo conseguirá atingir a casa do milhão, de modo que, definitivamente, eu não vou enganar você dizendo que o caminho é descomplicado. O meu foco será apresentar mecanismos para que você possa administrar os seus recursos de forma inteligente, potencializando ganhos, cortando excessos e construindo uma carteira lucrativa e que gere rendimentos consistentes para a sua aposentadoria, dentro de um perfil de risco controlado. Prometo que vai ser didático e, por que não dizer, divertido; afinal não há nada mais empolgante do que ver o seu suado dinheirinho crescendo mês a mês.

Na minha vida, nada veio fácil e, muito menos, rápido. Contudo, minhas vitórias se tornaram realidades estáveis e, ao conhecer um rapaz tão batalhador e motivado quanto eu, encontrei o companheiro ideal para construir o futuro de prosperidade que eu almejava. Ao revelar a minha trajetória e os preceitos que eu e o Jean, estamos utilizando para multiplicar o nosso dinheiro, pretendo ajudá-la a trilhar a rota das conquistas perenes e de alto valor agregado. Acredito que, assim como nós, você carrega dentro de si os requisitos para prosperar através de planejamento e comprometimento, por isso, comprometa-se com o sucesso e aprenda a:

Encontrar métodos para gerar a sua renda extra e otimizar suas despesas, de modo a economizar os seus rendimentos;

Compor uma carteira de investimentos de alta performance e que proteja o seu patrimônio;

Formar uma carteira previdenciária que lhe renda dividendos para uma aposentadoria tranquila.

Esta caminhada já se iniciou e você tem muitos talentos a desenvolver. Venha comigo, faça valer a pena, seja uma mulher que sabe como enriquecer.

2 – QUEM VOCÊ QUER SER, FORMIGA OU CIGARRA?

Muitos anos atrás, um casal teve duas filhas gêmeas, Anna e Lia. Desde a infância, as meninas apresentaram personalidades bastante definidas e distintas. Anna se interessava pelos estudos e por ajudar os pais na loja de materiais elétricos da família, enquanto Lia canalizava sua energia em atividades de lazer com as amigas, assistir TV e ouvir música. Quase na hora de dormir, Lia copiava o dever de casa que a irmã havia feito horas antes.

Ao chegarem à juventude e início da vida adulta, a semelhança física entre as irmãs se tornou ainda mais evidente, ao passo que o comportamento social e objetivos eram díspares. Anna escolheu a faculdade de direito e desde os primeiros anos de curso, estagiou em escritórios de advocacia de relevância. Lia pensou em cursar música, matriculou-se em uma escola de teatro, mas não levou nenhuma das ideias adiante. Quando os pais cortaram sua mesada, ela conseguiu um emprego em uma agência de turismo. Pensou em se tornar guia turística para poder viajar de graça, mas concluiu que o trabalho de acompanhar grupos seria repetitivo, tedioso e ocuparia o tempo em que poderia desfrutar explorando novas cidades. Colecionou empregos de curta duração, nos quais ficava por tempo suficiente para juntar recursos para o próximo mochilão. O número de países visitados crescia na mesma proporção do número de ex-namorados. Alguns relacionamentos amorosos queriam tirá-la do rumo bom das viagens e colocá-la nos trilhos de um casamento convencional, de modo que ela optava por dar um ponto final a cada relação que representasse um empecilho à sua liberdade.

Enquanto isso, Anna trilhava uma carreira bem-sucedida como advogada tributária. Aos 40, ela tinha um apartamento quitado, uma sólida carteira de investimentos e um escritório conceituado em sociedade com o marido. Tinham juntos um casal de carismáticos bebês, os quais tia Lia adorava.

Tia Lia, por sinal, era a alegria da casa durante suas esporádicas visitas, sempre disposta a alegrar os eventos familiares com seu violão e o seu canto enérgico e contagiante. Ela não tinha imóvel próprio, tampouco alugado, e dividia-se entre a casa dos pais e a casa de Anna. Ficava por pouco tempo, pois logo havia uma nova viagem, uma nova aventura. Algumas vezes, sua irmã e a família a encontravam em algum país Europeu e desfrutavam dias divertidos, mas, logo Anna e o marido retornavam ao trabalho. Lia, obviamente, partia para um novo destino. Sua casa era o mundo, ela adorava repetir. Os anos se passaram e os patriarcas faleceram, deixando uma pequena herança, a qual Anna vendeu e dividiu com Lia.

A parte de Anna foi investida na carteira de ações e títulos de renda fixa que ela e o marido possuíam. Lia partiu para um longo tour pela Ásia e voltou somente quando consumiu a sua parte do espólio deixado pelos pais.

Hoje, Lia tem 70 anos e, solteira e sem filhos, mora com Anna e seu esposo. O casal de advogados goza de ótima situação financeira e generosamente ofereceu um quarto para a ente querida que se ocupou com os prazeres do mundo, mas esqueceu-se de preparar uma reserva para a velhice. Para sua sorte, Anna providenciou-lhe o pagamento de um plano de previdência; com isso, Lia conta com dois salários mínimos de rendimento mensal, suficientes para pagar os remédios para a artrite e despesas pessoais. Para todo o resto, tal como moradia, plano de saúde, alimentação e roupas, ela depende da benevolência de Anna, do cunhado e dos sobrinhos. Por ter sido uma pessoa amorosa e de coração puro, Lia é amada e, para ela, nada faltará. Mas dependerá da caridade de sua família pelo resto da vida.

Nessa história, Anna é a formiga e Lia é a cigarra. A Cigarra e a Formiga é uma fábula, cuja autoria é atribuída ao escritor da Grécia antiga, Esopo, e que foi recontada e popularizada pelo fabulista francês Jean de La Fontaine. Na fábula, a cigarra passou o verão cantando e tocando seu violão, enquanto a formiga se preparava para o inverno, estocando alimentos. O inverno chegou, a cigarra ficou na penúria e pediu auxílio à formiga, que lhe negou ajuda.

Eu gosto sempre de citar a história da formiga e da cigarra porque comparo a formiga a mim mesma (no sentido de ser precavida, não de ser impiedosa). Nunca disse que minha casa é o mundo, mas várias vezes disse que eu sou a formiga. Trabalho para viver, mas não vivo para trabalhar. Consigo encontrar o equilíbrio entre uma rotina dedicada ao meu ofício e a novos projetos, sem abrir mão de tempo de qualidade com a minha família, de momentos românticos com o meu marido e de um telefonema para conversar com a minha mãe.

Quanto mais o tempo passa, mais tenho dado atenção a esses dois pesos: vida profissional e financeira estável versus tempo de dedicação à família, sendo o segundo, a minha prioridade. Adiciono a esta balança tempo para vida espiritual e atividades para manter a minha saúde. Nem sempre foi assim, minha balança costumava pesar mais para um lado, o profissional, e a saúde cambaleou. Após ficar um ano doente e precisar passar por uma cirurgia na coluna, entendi o real significado de uma vida balanceada para ser feliz.

No conto de Anna e Lia, as personagens e situações são fictícias, o que não quer dizer que milhares de pessoas não possam estar tomando decisões similares todos os dias. No caso em foco, Lia pôde contar com a prudência e o suporte da irmã para prover assistência em sua velhice, que é quando a nossa renda diminui, juntamente com a saúde e energia para o trabalho. Quantas Lias temos por aí, vivendo o hoje como se não houvesse amanhã, sem formar uma reserva de emergência e uma carteira previdenciária?

Gostaria que você refletisse sobre a sua vida, sobre as suas escolhas e concluísse quem você quer ser na vida: Anna ou Lia, formiga ou cigarra. Acredito que, se está aqui, você almeja ser como a primeira e conquistar a sua independência financeira. Mas, eu desejo, além de auxiliar nesse processo, falar sobre a importância de ter uma balança equilibrada, essa tal vida plena e realizada que me orgulho de ter. Antes de pensar em planos e números, vamos refletir mais sobre esse equilíbrio, analisando problemas comuns às mulheres. A seguir, vamos falar dos desafios da mulher solteira, da mulher casada e da mulher com filhos.

3 – OS DESAFIOS DA MULHER MODERNA

Mulher solteira bem-sucedida e (in)feliz?

Ao pensar nos desafios impostos a uma mulher solteira, sempre volto o meu pensamento para o ano de 2008, quando eu conquistei o emprego dos meus sonhos em uma incorporadora e construtora brasileira, pertencente a um dos maiores grupos empresariais do país. Apesar de ter vindo de um período de relativo sucesso profissional, no qual eu havia gerido um escritório próprio de arquitetura, eu era uma genuína representante da música do Belchior: uma moça latino-americana, sem dinheiro no banco, sem parentes importantes e vinda do interior. Na minha recém-iniciada carreira no mundo corporativo de homens engravatados e mulheres de salto alto, eu me deslumbrei ao ver as minhas novas colegas de trabalho paulistas: na faixa de trinta e poucos anos, elas eram lindas, espertas, decididas e ... solteiras.

Era inusitado o quanto a vida pessoal e profissional daquelas moças seguia caminhos opostos. Enquanto no âmbito da carreira, elas viviam momentos fabulosamente promissores, nas suas relações pessoais, elas colecionavam exuberantes fracassos. E o pior de tudo foi constatar que eu era exatamente igual a todas elas.

Eu tive um escritório por 6 anos, em uma cidade de médio porte de Minas Gerais. Como em toda cidade de interior (na verdade, eu acho que isso ocorre em todo lugar, de povoados a megalópoles), existe uma valorização das pessoas advindas de famílias ricas ou de sobrenome tradicional, e eu não pertencia a nenhuma dessas classes. De modo que tive de literalmente "cavar" o meu espaço, em um mercado dominado por poucos arquitetos, competentes e bastante conhecidos. Vestindo meu simpático sorriso, tratando bem clientes e fornecedores, prestando um trabalho honesto e utilizando ferramentas de marketing, eu galguei uma posição naquele seleto grupo.

Tive a confirmação de que tinha alcançado tal façanha, quando estudantes de arquitetura vieram me entrevistar e meu estagiário questionou o porquê de eu ter sido escolhida. A resposta deles foi recompensadora: "Viemos entrevistá-la porque o nosso professor falou que ela é uma das 10 arquitetas mais influentes da cidade." Bingo, a moça de classe média sem sobrenome chique havia fincado com sucesso a sua bandeira no território almejado.

Por alguns anos, eu me senti bastante satisfeita e realizada no meu escritório, mas a minha vida amorosa variava entre o desastroso e o inexistente, com uma série de escolhas erradas e de rapazes que não me davam valor. Cheguei a namorar um rapaz e pensei que ele poderia ser um parceiro de vida, mas o relacionamento naufragou. Pouco depois, ouvi rumores de que ele pudesse ter sido infiel e que talvez não se encaixasse no dito popular "o bom filho é o bom marido". Como disse, rumores, sem provas, mas decidi ponderar esses pontos quando, meses mais tarde, ele me enviou uma mensagem dizendo que tudo poderia ser diferente.

Continuei sozinha e foi o dono de uma loja de material de construção que deu o veredito sobre a minha situação, durante uma conversa casual na qual eu devo ter mencionado os desafios da minha solteirice. Ele afirmou que eu vinha tendo insucesso no amor porque era uma mulher bem-sucedida na profissão e os homens tinham medo de mulheres como eu.

Este é um dos maiores desafios da mulher solteira: livrar-se dos estigmas que a sociedade lhe impõe e conseguir se realizar em duas áreas cruciais da vida; carreira e amor, uma tarefa que atualmente parece ser quase impossível de ser cumprida. Os motivos são muitos, tais como a falta de interesse da população masculina entre 25 e 40 anos em se comprometer, uma parcela significativa de candidatos que opta por uma opção sexual diferente e a frivolidade das relações, muitas vezes causada por culpa das mulheres. Não, a culpa não é somente dos homens, tenha certeza disso, garota.

Independente do motivo, eu e as minhas colegas de São Paulo estávamos vivendo o mesmo drama e, em nossas conversas, compartilhávamos histórias similares de expectativas frustradas. Nós éramos o retrato perfeito da Bridget Jones, personagem principal do filme de 2001, *Bridget Jones Diary*, um cult entre as balzaquianas do mundo todo. Mais de uma década se passou e ao ver o perfil de algumas daquelas colegas nas redes sociais, concluo que o *status quo* é o mesmo, ou seja, prosperaram de modo vertiginoso em suas carreiras, continuam lindas e sofisticadas, com suas bolsas de marca e esplêndidas viagens internacionais. Contudo, permanecem solteiras e sem filhos.

Você pode estar pensando que nem toda mulher almeja casar e isso é verdade; uma mulher não pode ser definida pelo seu estado civil. Algumas mulheres não querem se casar, outras não querem ter filhos, outras não querem trabalhar fora e esta é a graça do livre-arbítrio. Tudo é permitido, justo e bacana quando você faz escolhas embasadas e coerentes para a sua vida. Mas, todos sabemos que existe uma parcela muito significativa, talvez gigantesca, de mulheres que desejam ter uma família e não estão conseguindo se realizar no binômio carreira/vida pessoal.

Como eu, você conhece muitas delas, como aquela vizinha, a ex-colega de faculdade, a sua chefe, talvez... você. Pessoas que sonham em ter uma família, em encontrar um bom homem para dividir a vida, em ter filhos e uma casa cheia de alegria, colecionando momentos e memórias. Por algum motivo desconhecido, quiçá malévolo, essas mulheres tão inteligentes e afortunadas no âmbito corporativo-empresarial revelam-se inaptas a alcançar resultados semelhantes no relacionamento a dois. E isso não é bacana, não é saudável e muito menos é livre-arbítrio. Isso é frustração.

E por quê? Por qual motivo uma mulher não pode ser plena em todos os setores que desejar, de modo amplo e simultâneo? Acaso existe uma maldição ou lei que determine que, caso uma mulher seja exitosa no trabalho, deverá ser fracassada na vida amorosa e vice-versa? Não, definitivamente, não existe.

Não sei qual é a sua condição atual, mas talvez você possa fazer algo a favor de si mesma ou de outra pessoa a quem queira bem e que esteja presa a crenças limitantes, às quais impedem a obtenção das suas aspirações. Para alcançar todo o seu potencial, é preciso que as pessoas desenvolvam o *mindset* da plenitude, do tudo posso, da realização em todos os âmbitos, sejam esses, profissionais, amorosos, espirituais, familiares e financeiros. É preciso entender que a vida deve ser centrada em abundância e não em escassez. Você pode ter tudo e merece ter tudo o que deseja, não de maneira segmentada, não pela metade e, quando eu digo tudo, é tudo. Mas existe uma fórmula mágica com alguns ingredientes especiais. Entre eles, destaco o ajuste de expectativas, a persistência, a vontade e a dedicação.

Posso afirmar que eu consegui virar o jogo da vida ao meu favor quando decidi dedicar tanta energia para encontrar o homem ideal quanto havia dedicado nos anos anteriores à construção da minha carreira dos sonhos. Eu decidi romper com o meu padrão errado de escolha de parceiro e disse às minhas colegas de trabalho que, a partir daquele momento, iria encontrar o homem certo para me casar. Eu me lembrei de um conselho desperdiçado na minha juventude (Mary Schmich estava certíssima em relação ao título do seu texto) dado pela minha mãe durante meu tempo de faculdade: "Encontre um rapaz simples, minha filha. Alguém como você, alguém que tenha os mesmos objetivos, que queira as mesmas coisas que você quer."

Assim que eu me concentrei em encontrar esta pessoa, um homem que quisesse construir uma família, que fosse disciplinado financeiramente, comprometido com as pessoas, bom filho e fiel, aconteceu um milagre e o Jean apareceu. Nós conversamos por trinta dias antes dele me chamar para sair e, durante esse período, eu já tinha a convicção que ele era o homem certo para mim. A prova está para que todos vejam: 10 anos de casados e nenhuma briga. Troca de opiniões divergentes, ocorrem sim, mas muito raramente e nunca em um tom de desrespeito.

Eu quebrei o rótulo de que a mulher não consegue um companheiro caso seja empreendedora ou bem empregada. Encontrei alguém que não teve medo da minha independência e, juntos, somos mais fortes e unimos ânimos e ganhos para construir a nossa independência financeira. Entendeu o que eu disse? Nossa independência. Porque a mulher que gera valor sabe que, ao encontrar um parceiro para compartilhar objetivos, ela nunca mais sonhará sozinha e obterá conquistas mais efetivas e potencializadas. O que você está esperando para dar a sua guinada rumo à Plenitude?

Mulher casada tem de ganhar menos do que o marido?

Outro dia eu estava assistindo a um vídeo sobre a separação da atriz Scarlett Johansson e do também ator Ryan Reynolds, e ela mencionou, bem sutilmente, a respeito da competição no trabalho ter sido um dos motivos do desgaste do casamento. Ela disse: "A logística de estar com outro ator é desafiadora. Tem que haver uma compreensão real de como você compartilha seu tempo, especialmente quando as carreiras de duas pessoas estão no mesmo ritmo. Ou mesmo que uma pessoa seja mais bem-sucedida que a outra, isso também se mostra desafiador. Pode ser uma coisa competitiva."

Se essa beldade loira, protagonista de uma heroína, nos filmes da famosa franquia Vingadores, sentiu os desafios da competição no casamento, o que seria de nós, simples mortais? Lidar com um companheiro antagonista, que se incomoda com o seu sucesso ou com quanto você ganha deve ser extenuante.

Um homem preso a uma cultura dominante é essencialmente um parceiro egoísta, que pode até estar disposto a aceitar que você tenha uma carreira relativamente bem-sucedida, desde que o seu brilho não seja maior do que o dele próprio. O dilema 'quem ganha mais' pode ser o estopim do fracasso de muitos matrimônios, simplesmente porque o marido se sente ameaçado e inferiorizado por ter um holerite com proventos menores. Obviamente, não são somente os homens os vilões da competitividade entre cônjuges e casos de mulheres competitivas ou relações em que ambos exerçam esse papel podem ocorrer.

No meu caso, estou casada há dez anos e tive um salário maior do que o do Jean por metade desse tempo e ele ganhou mais do que eu no outro período. Isso nunca foi um incômodo na relação e nos consideramos *partners* no sentido amplo da palavra; não somente no aspecto amoroso, mas também societário, com junção de rendimentos em prol de uma composição patrimonial única. Temos contas bancárias separadas, nunca tivemos conta conjunta e eu admiro o fato de o Jean ser um homem tão evoluído ao ponto de confiar em mim como gestora dos nossos bens.

Todos os valores poupados são transferidos para três corretoras e, apesar de eu ser detentora da titularidade das contas, nós atuamos em consonância, discutindo as alocações antes de eu executá-las. Isso é o que chamo de uma parceria saudável e é esse modelo que eu incentivo você a buscar no seu relacionamento.

Infelizmente, a competitividade no relacionamento não é o único obstáculo que as mulheres casadas possam vir a enfrentar. Um número significativo de enlaces se baseia em outro tipo de dominação, aquela baseada na submissão da mulher a uma pessoa que não aceita que ela exerça o seu papel profissional. Em alguns casos, a submissão é imposta de um modo carinhoso e delicado, mas, a meu ver, pode ter um potencial tão destrutivo quanto uma exigência agressiva.

Não são poucos os casamentos em que o homem entende que deve ser o provedor absoluto e impõe à esposa uma condição secundária, privando-a de ter uma carreira. A meu ver, a vida de dona de casa nunca será secundária; de fato, é uma função prioritária, pois sabemos – e eles também sabem – que uma casa e uma família não se sustentam sem o alicerce que a mulher provê ao lar. Ainda assim, nenhuma mulher deveria se anular profissionalmente por determinação de outra pessoa, e deveria ser natural que tivesse autonomia para decidir sobre quaisquer aspectos de sua vida. Não é o que vemos em muitas casas, nas quais o homem poda com sutileza ("Você não precisa trabalhar, eu dou tudo o que você precisa") ou com agressividade ("mulher minha não estuda e nem trabalha").

Eu não me considero uma feminista e sou contrária a qualquer posição radical, seja ela política, social ou religiosa. No entanto, gosto de falar a frase: 'É preciso que a mulher tome as rédeas da sua vida'. Ao entender que a única pessoa que tem o poder de mudar uma situação que a sufoca é ela mesma, a mulher irá conduzir sua jornada, dar o tom da música e ser a maestrina.

Nos meios corporativos, a negociação ganha-ganha, em que ambos ganham, é valorizada e incitada como a melhor forma de alcançar um nível satisfatório de retorno para as partes envolvidas. É a relação ideal entre os dois lados da mesa, seja entre fornecedores e compradores, acionistas e diretoria, empresário e cliente. Estando consciente do seu poder, a mulher casada deve tomar posse do seu lugar no mundo e se impor. Você tem o direito de ser plena em todos os setores da sua vida e precisa romper os padrões limitantes que outros possam lhe impor. Nunca é tarde, e o hoje é o melhor dia para começar. Dê o passo inicial neste momento, tome as rédeas da sua vida. Que você seja uma mulher que brilhe e que tenha ao seu lado uma pessoa que se sinta confortável por vê-la brilhar.

A mulher que tem filhos e a luta contra o preconceito

Pode parecer clichê e incoerência para quem não experimentou a maternidade o que eu vou dizer agora, mas lhe asseguro de modo veemente que, ter um filho é um presente e uma realização de vida tão intensa, que recompensa qualquer perda que uma mãe venha a ter em outros setores da vida. Renunciar a posições em detrimento da maternidade não deveria ser necessário, até porque eu defendo que podemos e devemos ser plenas, mas, muitas vezes, é o que acontece.

Quando o Gabriel nasceu, eu desisti de tomar posse em um concurso público federal. Talvez eu venha falar mais sobre esse assunto, mas não agora. O enfoque que quero dar por ora é no desafio de ser mãe e profissional em uma sociedade que ainda nutre sistemas patriarcais e no quão assustador é ser mãe em uma sociedade onde as empresas ainda se prendem a pensamentos arcaicos de que mulher com filho é um estorvo, um embuste, um fardo.

Desde que me tornei mãe, eu fui a apenas duas entrevistas de emprego. Eu não tenho currículo divulgado em nenhuma plataforma de recolocação, apaguei boa parte do meu perfil no LinkedIn e não procuro uma nova posição. Mas surgiram essas duas oportunidades e eu fui conversar. As entrevistas iniciais, com *headhunters* ou a responsável do RH, fluíram bem e coincidentemente, foram conduzidas por mulheres. Me lembro dos acenos de cabeça quando comentei que tinha um filho, na época com dois anos, que estava na escola integral desde os sete meses, exatamente para que eu pudesse ter uma rotina profissional normal. Elas perceberam a minha situação como trivial, afinal é perfeitamente normal e possível ter um filho, voltar a trabalhar e ser produtiva, agregando valor para o time e para a empresa como um todo. Deste modo, passei pelas etapas preliminares das seleções sem dificuldades.

Contudo, no próximo nível da seleção, fui entrevistada por homens e pude ver, olhos nos olhos, o preconceito que a mulher com filhos sofre no mundo corporativo. Nas duas ocasiões, em empresas de setores diferentes, ao responder que tinha um filho de dois anos na escola integral, e que isso não atrapalharia a minha performance, vi frieza nos olhares deles. Não recebi acenos de cabeça em concordância. Na verdade, ambos tiveram a mesma reação: ficaram em silêncio e a entrevista terminou em seguida. Não é difícil deduzir que eu não obtive resposta positiva de nenhuma das duas empresas.

Fiquei chateada? Muito pelo contrário. Eu não precisava das vagas e tinha um contrato *part-time* com uma empresa desde 2011, que passou a ser o meu trabalho em tempo integral de 2015 até os presentes dias. Além disso, minha função me permite flexibilidade de horário, benefício valorizado por mães de crianças pequenas. Posso me ausentar para levar o meu filho à nutricionista ou prestigiar suas apresentações na escola, sem me sentir ameaçada de perder o "ganha-pão". Tudo o que eu preciso é repor as minhas horas mais tarde e completar os projetos para os quais sou designada. Então, não; eu não fiquei chateada por ter sido rejeitada pelos dois espécimes que me entrevistaram.

Eu não uso o que aconteceu comigo para classificar todos os homens como machistas; na verdade, acho que eu dei um baita azar. Mas é um absurdo, após tantas conquistas e demonstrações da nossa capacidade, ainda sermos taxadas por alguns como profissionais inferiores ou menos qualificadas pelo fato de temos um filho. Absurdo e inaceitável.

Entretanto, o preconceito nas empresas não é, a meu ver, o maior desafio da mulher que se torna mãe. A real luta está em lidar com a culpa por trabalhar demais e tentar encontrar o tênue equilíbrio entre ter uma carreira e dar a devida atenção aos filhos. Ao ler isso, um homem pode questionar: mas ela não disse que as mulheres são multitarefas, que podem e devem ser plenas em todos os setores? Reitero que sim, embora não possa afirmar que seja descomplicado e que não implique em sacrifícios pessoais diários.

Tenho visto mulheres da minha convivência se corroendo por falharem em equilibrar a balança filhos-carreira e adivinhe quem você acha que tem ficado relegada? A criança, claro. Porque, na visão dos pais, o emprego é o que possibilita a sobrevivência e o bem-estar familiar, de modo que é preciso ganhar dinheiro para suprir necessidades e prover conforto. Sendo assim, o relatório para a reunião da manhã seguinte é prioritário, responder o e-mail do fornecedor é prioritário, mas a criança nunca obtém o status de prioridade. Tudo se resolve posteriormente, com seções de psicoterapia infantil. Os pais pagam para que outra pessoa auxilie seus filhos a alcançarem o equilíbrio que um tempo de qualidade diário entre pais e filhos poderia prover.

Entenda, se o seu filho está manifestando desordens comportamentais, problemas afetivos, doenças cognitivas, desnutrição ou distúrbios alimentares, a sua ausência na vida dele pode ser a causa. Se a sua carreira não lhe permite dedicar tempo ao seu filho, você precisa encontrar outra carreira ou mudar a maneira com que lida com ela. Uma mãe que percebe o filho apático ou com tiques nervosos e não faz nada está sendo omissa.

A omissão e a ausência são geradoras de traumas na primeira infância e causadoras de alterações comportamentais na adolescência. Se você não der referências para o seu filho na fase em que ele está construindo as bases para a vida adulta, ele irá buscá-las fora de casa e as consequências podem implicar em uma desestruturação desse jovem.

Eu realmente defendo que você busque caminhos para o seu crescimento profissional que acomodem a criação do seu filho em um patamar prioritário e sou um exemplo disso. Eu decidi não ter mais empregos que exigiam viagens constantes e me estabeleci em uma empresa que me proporciona flexibilidade e uma rotina integral em *home-office*. Nós montamos um escritório confortável em casa e o meu filho de seis anos entende que é o meu local de trabalho e que, em alguns momentos, eu preciso de privacidade absoluta. Ele estuda de manhã e fica em casa à tarde e me "visita" diversas vezes durante o expediente. Vou confessar a você que, enquanto digito este parágrafo, ele montando duas pequenas naves Lego na bancada ao meu lado. Vou desenvolvendo meu raciocínio no texto entre um "olha aqui mamãe" e um "olha a nave do malvado e do bonzinho".

Não estou dizendo para uma mãe enfermeira abandonar seus plantões ou para a dentista abandonar o consultório a fim de buscar uma nova carreira. Tenho consciência de que nem todas as profissões podem ter uma rotina *home-office*. Mas a mulher pode se fazer presente na vida dos filhos de diversas maneiras, seja através de um telefonema no meio do expediente, de um bilhete amoroso, de uma conversa gostosa ao final do dia, se desligando do mundo exterior e ouvindo o que as crianças têm a contar.

Não são os filhos que precisam se adequar à rotina das mães, nós é que precisamos mudar como gerenciamos o dia, para que eles tenham um desenvolvimento feliz e uma formação emocional qualificada. A criação dos filhos não pode ser terceirizada para a escola, tampouco transferida para um profissional de psicologia. Os pais são os responsáveis, mais ninguém.

É importante que você analise a sua vida atual e, se tem um parceiro, converse com ele para entender quais os pontos precisam ser mudados. Perceba se sua carreira está fazendo bem a você, e não estou falando sobre ganhos financeiros, estou falando sobre paz interior. Me refiro a sentimento de culpa, satisfação pessoal e familiar. O que você pode fazer para atingir o seu potencial e ter equilíbrio em família? Qual é o novo desenho da sua trajetória, aquele que lhe permitirá voos ainda maiores, sem pagar um preço desnecessário por isso, o da frustação daqueles que lhe são mais caros? Pense nisso, menina, e encontre caminhos, novos e melhores, caminhos.

4 - TUDO NÃO TERÁS

Um cargo de executiva muito bem remunerado, no qual você cruze os céus semanalmente, conduzindo reuniões produtivas e empolgantes, dormir oito horas por noite e acordar sem olheiras... Ah, adicione também um casamento feliz, no qual você consegue encontrar tempo e disposição para estar linda e perfumada às 18 horas da sexta à noite aguardando o seu amor com uma taça de *Chardonnay* na mão. E obviamente, você também é a mãe exemplar, que consegue acompanhar todas as reuniões da escolinha, auxiliar os seus filhos no dever de casa e dar a eles todo o seu amor. Não preciso dizer que você tem zero celulite e barriga chapada, não é?

Diga-me a verdade: você acha que o parágrafo acima é possível? Para você ou para qualquer outra mulher que habita este planeta? Neste momento, você deve estar pensando: 'mas que escritora mais incoerente... Ela não falou que podemos e devemos ser plenas em todos as áreas da nossa vida?'

Sim, eu afirmei que podemos ser mulheres completas e realizadas, não compartimentadas em caixinhas. Vamos supor que você fosse à loja da sua vida e pudesse escolher apenas uma caixinha. Pode selecionar a caixa da maternidade ou a do matrimônio; sucesso profissional ou independência financeira. Eu não sei a sua opinião, mas eu quero logo todas as caixas. Contudo, é preciso que todas nós tenhamos a maturidade de entender que para conquistar, também é preciso ceder.

O império Romano foi grandioso e anexou dezenas de territórios estrangeiros aos seus domínios, porém, muitos soldados tiveram de perder a vida por essas conquistas. Assim como não se pode ganhar uma guerra sem sofrer baixas, não se pode vencer o xadrez da vida sem alterar peças no tabuleiro. É neste sentido que quero apresentar a teoria do tudo não terás.

Quando eu trabalhava com incorporação imobiliária no desenvolvimento de projetos residenciais de grande porte, eu, uma colega de equipe e a arquiteta do escritório que elaborava um dos nossos projetos, costumávamos repetir o dito popular "tudo não terás". No caso, nos referíamos ao contexto de um projeto arquitetônico, onde equacionamos variáveis como custos, terreno, área máxima da unidade habitacional, entre outras, para alcançar o melhor resultado possível, refletido na melhor planta e implantação. Obviamente, trabalhando com tantas constantes, algum elemento do projeto tinha de ser priorizado em detrimento de outro. Para ter uma sala maior, às vezes tínhamos de apertar um pouquinho no quarto; para colocar a churrasqueira na varanda gourmet, às vezes tínhamos de repensar a área de serviço e por aí vai. Tudo não terás.

Igualmente acontece na vida e precisamos partir da premissa de que não conseguimos dar conta de tudo; é humanamente impossível. Mas, é neste ponto, que a mulher que sabe gerar riqueza encontra caminhos onde parece não existir caminho. Bem como nos projetos arquitetônicos, ela aprende a priorizar e a conciliar as variáveis da vida. Você também vai conseguir fazer isso. Imagine a pirâmide da sua vida e a monte de sua base ao topo. Esse exercício não é o mesmo que montar uma pirâmide de Maslow, o psicólogo e pesquisador norte-americano que estabeleceu uma pirâmide com a hierarquia das necessidades, mas o raciocínio é similar.

Deixe-me ilustrar com a minha pirâmide. Na minha base, eu tenho o trabalho e geração de renda, porque sem dinheiro teremos necessidades que, se não forem supridas, irão afetar toda a cadeia acima. Ter uma fonte de renda é algo puramente material, mas também faz parte da segurança do indivíduo. No nível acima estão meus amigos, poucos, fiéis e dos quais eu me orgulho. No patamar seguinte, está a saúde, e nem preciso explicar a importância de se ter um corpo e mente saudáveis. Quase no topo, está a minha família. Pais, irmãos, parentes, meu marido, meu filho e cachorros, porque um coração amoroso tem muito espaço. Coroando a minha pirâmide está Deus.

Visualizando a minha pirâmide mentalmente, fica fácil para você entender o que eu priorizo e onde vou ceder quando minha convivência com o topo estiver ameaçada. Quando o meu filho nasceu, a base da pirâmide sofreu uma mudança estrondosa. Eu me reescrevi para focar no que era mais importante do que dinheiro e carreira: a família. Eu era aquela profissional bem remunerada que cruzava os céus dentro de aviões. Contudo, não suportava mais aquela vida, nem conseguia me ver conciliando aquela rotina desgastante com o bebê lindo que me aguardava em casa. Também abri mão, com certo pesar, de uma bela oportunidade profissional, almejada por tantos, um cobiçado emprego público.

Em 2012, eu havia feito um concurso para o cargo de arquiteta em um órgão federal e passei em 9º lugar. Por dois anos, eu e o meu marido aguardamos que eu fosse chamada e o combinado é que eu iria para qualquer cidade a qual fosse designada e, dependendo da cidade, o meu marido permaneceria em Belo Horizonte, pois também tinha um emprego bom. O problema é que a minha nomeação saiu exatamente no dia 01/07/2014 e eu recebi o telefonema quando estava na recepção do hospital, aguardando para ser internada para o nascimento do meu filho. A cidade para a qual eu fui designada não agradou: interior de Minas, distante tanto de Belo Horizonte quanto da cidade onde meus pais e irmãos moravam e com campo de atuação reduzido para que o meu marido pudesse ter um emprego bem remunerado.

Com a chegada do bebê, o plano de vivermos separados caiu por terra. Além disso, finalmente tínhamos a vida que queríamos; o meu marido havia acabado de ser promovido e estávamos vivendo o sonho da casa própria em um condomínio formidável. Foi bastante dolorida a decisão de abrir mão de um emprego tido como estável e com excelente salário e benefícios, mas foi ainda pior decepcionar a pessoa que mais almejou essa aprovação:

minha mãe. Eu me considero em permanente dívida com a minha mãe por tê-la decepcionado e esse é um dos motivos que me levam a ir além, conquistar novas posições e ser financeiramente próspera. Quero que a minha mãe sinta orgulho e que meu êxito substitua no coração dela o pesar que causei.

Acredito que consegui ilustrar para você a teoria do tudo não terás, entretanto, o ensinamento mais importante é:

No jogo de xadrez da sua vida, se você não tem todos os elementos para a formação do tabuleiro que considera perfeito, saiba que você tem o poder de mudar algumas peças de posição e conseguir resultados ainda melhores.

Agora, é chegada a hora de andarmos para frente. É chegada a hora de falarmos sobre ganhar dinheiro e gerar riqueza, e estou muito animada por ter você comigo nesta jornada.

PARTE I – GERAR RENDA EXTRA

5 - MULHERES QUE ME INSPIRAM A IR ALÉM

Na última década, o empreendedorismo se tornou uma tendência, não somente em decorrência do aprofundamento da crise brasileira e do alto índice de desemprego, mas principalmente devido a uma mudança cultural, advinda do entendimento que diversas profissões estão no caminho da extinção e que o real gerador de riqueza são os ganhos em escala.

Empreender foi também a escolha de muitos profissionais que, mesmo com alto nível de capacitação e experiência, se viram em um mercado que simplesmente não os valoriza financeiramente. Outras pessoas têm o empreendedorismo na estrutura do seu *DNA*, como a minha irmã, Kênia. Formada em comunicação social, ela tem um talento natural para o comércio e, quando era solteira, conquistou o primeiro lugar em vendas em todos os meses, de todos os anos, em que trabalhou em uma empresa farmacêutica.

Hoje, ela e a cunhada têm uma loja online de produtos importados para bebês e crianças, e administram o negócio vivendo em continentes diferentes: uma no Brasil e a outra na Austrália. Ambas têm filhos novos e a cunhada da minha irmã ainda tem um emprego em tempo integral como engenheira. São mulheres como nós, multitarefas e de alta performance, que acordam cedo e otimizam seus horários para darem conta de tudo.

Outro exemplo de mulher de sucesso é a pessoa que trabalha aqui em casa. Ela se casou e se divorciou muito jovem, e criou sozinha seus quatro filhos, sem recebimento de pensão. Quando a conheci, ela tinha um emprego de carteira assinada no regime de trabalho 12 x 36 horas e fazia renda extra trabalhando para mim nos dias de folga. Seu talento é ser perfeita em limpeza, organização de espaços e conseguir otimizar os ambientes de maneiras que eu jamais teria imaginado. Não satisfeita em ter somente a casa própria, ela comprou um lote e posteriormente o trocou por uma casa, a qual alugou, obtendo mais renda extra. Vencedora, aos quarenta e seis anos, possui dois imóveis quitados e dinheiro investido.

Analisando os exemplos mencionados acima, percebemos que a obtenção de renda extra exige dedicação, tempo, sacrifícios pessoais e nem sempre demanda a existência de um negócio. Ainda assim, independentemente do grau de exigência e/ou complexidade, a via da renda extra é o caminho que você deve trilhar se quiser ter ganhos potencializados, construir patrimônio e garantir uma aposentadoria satisfatória. Você somente deve ter um olhar crítico para as oportunidades que lhe são oferecidas, lindamente embrulhadas em um papel fantasia chamado dinheiro fácil e rápido.

Não existe fórmula mágica para fazer você ganhar dinheiro facilmente e em pouco tempo. Entretanto, o que vemos atualmente, em todas as redes sociais, é uma propaganda maciça de vários métodos infalíveis prometendo enriquecimento em pouco tempo. Pessoas que contam histórias incríveis sobre trabalhar de qualquer lugar do mundo e fazer uma "grana preta", pessoas que geram faturamento de sete dígitos em uma semana e pirâmides, dezenas de pirâmides, nas quais quem ganha dinheiro no início vende ilusão e prejuízo para os demais. São tantos anúncios, muitos deles fraudulentos, que fica difícil distinguir quem é sério nesse meio.

Vamos raciocinar: estas pessoas estão ganhando tanto dinheiro conforme alegam com o trabalho que realizam com o método que vendem ou com o dinheiro das pessoas que elas querem influenciar para adquirir o método? Provavelmente se questionadas, dirão que estão ganhando dinheiro das duas maneiras, mas principalmente com o método incrível que querem vender. Tenha muita cautela ao analisar os produtos e serviços que lhe são ofertados.

Mas vamos retornar às histórias inspiradoras para que você fique motivada a buscar o seu caminho, aquele que trará uma recompensa estável e segura. Quando era solteira e morava na cidade onde a minha família ainda reside, eu frequentava um salão pequeno, administrado por um casal que oferecia um serviço de ótima qualidade, diga-se de passagem, a melhor prestação de serviço capilar de que já usufruí. O marido incentivara a esposa a fazer cursos na área e, apesar de ter um emprego formal de segunda a sexta, aos finais de semana, ele – sim estou falando do marido – assumia o seu posto no salão e fazia tratamentos e químicas como ninguém.

Como era um bom vendedor, ele aumentava a clientela e ainda vendia produtos, como cremes e *shampoos*. Assim, trabalhando em equipe, marido e esposa geravam renda extra. No decorrer dos anos, eles aumentaram mais um pavimento na casa da família, destinando um andar inteiro para atendimento. Continuaram faturando juntos, mas não perderam a característica básica do salão, que era oferecer um ambiente intimista, e ainda mantinham os custos operacionais bem enxutos, como faz todo casal financeiramente inteligente.

Outro casal modelo de empreendedorismo, do meu círculo de amizades, é formado por uma jovem confeiteira e seu esposo. Possuidora de um talento ímpar para *pâtisserie*, ela cria doces e bolos impecáveis. Seu ateliê é em casa e, após o expediente de trabalho, o marido entra em cena e agrega valor à produção. Nas horas vagas, eles participam de eventos diversos, expondo e vendendo os quitutes. A esposa também faz alguns trabalhos de decoração, cria kits de doces para datas comemorativas, enfim, é uma mulher que domina a arte da geração de renda e que conta com o marido para um trabalho em equipe perfeito.

Outro detalhe importante do projeto conjunto do casal é que eles entendem o nicho de mercado em que atuam e sabem precificar seus produtos. Eles trabalham com os melhores ingredientes, investem em embalagens e o preço, apesar de não ser desmedido, reflete a qualidade dos ingredientes e é destinado a um público que valoriza sabor e design diferenciados, pagando um valor compatível ao produto. Eu não tenho dúvidas de que esta confeiteira e seu fiel escudeiro irão longe e serão muito bem-sucedidos.

Você deve ter notado que eu gosto de exemplificar com pessoas da minha rede de relacionamentos. É porque a minha intenção é mostrar que a geração de renda extra está mais ligada aos dons individuais, aplicados de forma produtiva, do que ao investimento em um negócio sofisticado ou arriscado.

Estou bastante motivada a falar sobre geração de fontes de rendimento a partir da utilização do seu principal capital, o seu talento. Como introdução, quero que você assimile o seguinte preceito: **A renda passiva é o caminho para o enriquecimento progressivo e perene.** O próximo capítulo tratará da renda passiva x renda ativa e creio que agregará um conhecimento importante para a sua jornada.

6 – A RENDA PASSIVA É O CAMINHO

"Você não vai ficar rica vivendo de salário."
Essa frase, acompanhada por uma expressão de descrença, foi dita a mim pelo meu pai, quando eu disse que iria ficar rica. Eu sabia que não enriqueceria com o meu salário, mas a repreensão do meu pai foi uma sacudida para que eu enxergasse que precisaria de mais do que pensamento positivo para conquistar alguns milhões, além de ter incitado em mim o desejo de obter outras fontes de renda. Eu tinha algumas ideias que demandavam um prazo mais longo para começarem a gerar renda, então, queria descobrir rendimentos extras que fossem imediatos e descomplicados, e sempre falava sobre isso com o meu marido.

Como as palavras têm poder, certo dia, navegando pelo LinkedIn, eu me deparei com um anúncio de emprego em inglês. A empresa oferecia flexibilidade de horários e um contrato que não geraria conflitos com o expediente do meu emprego de carteira assinada. O processo seletivo foi difícil, em inglês e com nível de exigência alto. Mas, eu passei e tive início imediato, trabalhando nos projetos da empresa à noite e aos finais de semana.

A princípio, eu trabalhava poucas horas e o dinheiro era usado para bancar "luxinhos", como viagens dentro do país e parte dos custos de uma viagem para a Europa. O meu marido também fazia alguns trabalhos ocasionais para um consultor de TI e horas extras no trabalho, quando requisitado.

Com a renda extra, pudemos poupar mais e aplicávamos tudo na caderneta de poupança, amiga dos brasileiros e tão criticada hoje em dia. Na época, o nosso perfil de investidores era extremamente conservador e eu não me envergonho desse passado, pois imagino que mais de 90% dos investidores brasileiros começou com a poupança e depois evoluiu. O que importa é que estávamos gerando recursos e é isso que eu quero que você perceba: a importância de obter, a partir de hoje, outra fonte de rendimentos.

Antes de nos aprofundarmos nesse tópico, deixe-me finalizar o meu relato. Quando eu engravidei, optei por um redirecionamento profissional, visto que eu viajava regularmente para São Paulo há sete anos e, viajar a trabalho é algo prazeroso no início da carreira, mas que se torna insuportável com o tempo. Eu não aguentava mais entrar em um avião e manter aquela rotina após o nascimento do bebê representaria o caos, principalmente porque minha família mora a 340 km de distância, minha sogra se mudou para o Chile e o meu marido viajava a trabalho regularmente.

Nesse contexto, foi um caminho natural eu deixar o emprego regime CLT para prestar serviços para uma empresa americana. Se por um lado, perdi um ótimo salário com os benefícios trabalhistas que a carteira assinada oferece, por outro, passei a concentrar os meus rendimentos em uma moeda forte, o dólar, adotei o sistema *home-office*, cortei custos de combustível e estacionamento, além de ganhar algo importantíssimo, sem preço: tempo.

Enquanto as pessoas ficam presas no trânsito, se desgastam em reuniões improdutivas ou matam tempo durante o intervalo do almoço, eu foco 100% no trabalho e em novos projetos geradores de renda. Sou adepta da teoria de nunca colocar todos os ovos na mesma cesta, portanto, além dos nossos empregos, eu e o Jean temos renda do *AdSense* do Google, um *website* focado em marketing de afiliados, dividendos de ações e lucros da nossa carteira de investimentos. Todos sabemos que os salários no Brasil não são altos e que os impostos e as despesas mensais consomem grande parte ou a totalidade da renda mensal do cidadão comum. Isto posto, reitero que o caminho da independência financeira passa pela obtenção de renda extra, preferencialmente passiva, que será aplicada para obtenção de novo múltiplos.

Você não precisa se aventurar em transações complicadas, pegar empréstimos ou vender patrimônio para desenvolver uma fonte de renda de alta performance. Talvez o seu perfil não seja o de **empreendedor**, o que não quer dizer que você não possa gerar renda extra através de uma **postura empreendedora**. Talvez você tenha um emprego estável que gere uma sobra mensal de dois, cinco, dez mil reais ou mais e o que você procura é a otimização do seu planejamento financeiro, de forma a investir suas economias. Independentemente do caminho definido, é importante que você gere mais renda passiva do que ativa. Mas, afinal, o que vem a ser isso?

Porque você deve dizer SIM à renda passiva

Mulheres e homens acordam todos os dias e ligam o piloto automático de suas rotinas. Comer-Trabalhar-Descansar. Academia, quando dá; lazer, quando sobra dinheiro ou tempo. Se têm filhos, destinam uma fração de seu tempo livre para dar-lhes atenção e, assim, abafar o sentimento de culpa. Alguns buscam se conectar através de religião, enquanto outros ocupam-se com prazeres fugazes e profanos. Vendem tempo e energia para garantir subsistência, sem se darem conta de que, assim como seus antepassados nos tempos feudais, são vassalos de um suserano impiedoso, ou melhor, impiedosa, que vem a ser a **Renda Ativa**.

A maioria de nós tem empregos ou ofícios nos quais trocamos o nosso tempo por dinheiro, recebendo ganhos fixos e pré-determinados, e esta é a definição de renda ativa, que é o ganho gerado através do próprio trabalho, seja esse para uma empresa, segundo as leis trabalhistas, ou através de serviços prestados como profissional autônomo. Isto quer dizer que, se uma pessoa trabalha em um turno e recebe uma remuneração em forma de salário, comissões ou gorjetas, ela está recebendo uma renda ativa. Quando alguém atende um cliente em consultório ou realiza um serviço de faxina ou pintura para o qual foi contratado, também está gerando renda ativa, pois, tais atividades demandam horas e esforço diário.

As vantagens da renda ativa são uma menor exposição a riscos e uma maior previsibilidade do fluxo de caixa, proporcionada por uma fonte de renda fixa e/ou estimada, a qual permite a elaboração de um orçamento doméstico mais equilibrado. A desvantagem é o círculo vicioso de acomodação e aprisionamento, visto que o indivíduo se mantém estagnado na zona de conforto que o ganho certo e regular proporciona, principalmente se a remuneração auferida cobrir tanto as despesas mensais quanto as eventuais.

Na renda ativa, você trabalha pelo dinheiro e a faceta negativa disso é que você se fecha para novas oportunidades, mantendo-se em uma condição limitante e contrária ao caminho do enriquecimento. Para enriquecer, é primordial encontrar meios para fazer o dinheiro trabalhar por você e transformar a sua renda ativa em passiva.

A **renda ativa pressupõe atividades reativas** – cumprir um turno, atender alguém, responder um e-mail, prestar uma consultoria **(você trabalha pelo dinheiro)**, ao passo que a **renda passiva pressupõe atividades proativas** – escrever livros, investir, criar um negócio **(o dinheiro trabalha por você)**.

Analisemos o exemplo de escrever um livro como atividade proativa para gerar renda passiva. Por meses, eu sacrifiquei tempo de lazer para escrever este livro, além de incontáveis horas de edição, de modo que houve um trabalho inicial para a elaboração e planejamento da minha fonte de renda passiva. Contudo, uma vez que o produto e o trabalho inicial de marketing estivessem finalizados e o livro começasse a ser vendido, o meu envolvimento no processo seria significativamente minimizado, cedendo lugar à mágica dos ganhos em escala. É exatamente sobre essa magia que iremos falar no próximo capítulo.

7 – GANHAR DINHEIRO ENQUANTO DORME

Todo mundo quer ganhar dinheiro enquanto dorme, confesse a si mesma que esse também é o seu desejo. Eu quero e penso que, quanto mais, melhor. Ao gerarmos fontes de renda passivas e as transformamos em ganhos escaláveis, poderemos atingir essa sonhada condição. Na renda passiva o rendimento não vem do seu esforço diário, mas dos ativos que você controla. Um youtuber grava um vídeo e passa a ganhar com os as propagandas veiculadas nesse vídeo ao longo de meses e anos. O trabalho inicial foi feito e, a partir de então, ele ganha por anúncios clicáveis ou visualizados, sem ter esforço adicional. A renda passiva pode ser obtida através de aluguéis, dividendos de ações, recebimento de juros, royalties de obras de propriedade intelectual, ganhos com *AdSense* do Google, comissões de vendas afiliadas, lucros de um negócio no qual você não se envolva fisicamente, entre outros.

Vou compartilhar um exemplo que aconteceu conosco há poucos meses e que ilustrará perfeitamente a mágica da renda passiva. O meu marido possuía um bem em sociedade com dois colegas de trabalho. Em julho de 2019, um deles se retirou da sociedade e o Jean, juntamente com o outro colega, teve de comprar a terça parte do bem. Ele me disse para escolher uma ação da nossa carteira e vender para efetuar o pagamento. Eu respondi que não venderia ações e que o dinheiro para quitar o compromisso deveria vir do fundo de reserva, através do resgate de títulos do tesouro Selic. Eu fiz o resgate no início de agosto e o Jean pagou ao colega.

De agosto a outubro, nós não fizemos nenhum aporte na nossa carteira de investimentos porque, como faríamos uma viagem à Europa no final de setembro, destinamos as economias para o pagamento de despesas com hotéis, passeios e compra de moeda estrangeira. Recapitulando, a carteira sofreu um resgate em agosto e não teve nenhum novo aporte por três meses. No início de novembro, ao consultar a carteira, o Jean verificou que o montante em dinheiro havia retornado ao valor de julho, ou seja, os juros compostos das aplicações de renda fixa somados aos dividendos e valorização das ações repuseram o capital resgatado. A renda passiva trabalhou por nós. Meu marido passou a ter um maior percentual do bem que possuía em sociedade e, sem esforço, voltamos a ter o mesmo dinheiro que tínhamos antes de adquiri-lo. Isto é ganhar dinheiro enquanto dorme, enquanto se está doente, enquanto se está em férias. É descobrir mecanismos que façam o dinheiro trabalhar por você e custear suas despesas e aquisições.

Através da minha experiência, você pôde perceber que a formação de uma carteira de investimento diversificada e de alto rendimento pode representar uma excelente fonte de renda passiva, principalmente se o empreendedorismo não está no seu *DNA*. Em breve, falaremos com mais detalhes sobre aplicações em ativos geradores de dividendos e de crescimento rápido. Por ora, gostaria de me deter na geração de renda passiva através de outros talentos que você possa ter e usar em seu favor.

Vamos supor que você seja especialista em alguma área de atuação ou que possua habilidades especiais, como por exemplo, mecânica de carros ou moto. Talvez você possa ser um profissional bastante experiente na sua profissão, como nutrologia, dermatologia, decoração de interiores, enfim, qualquer área de atuação na qual você seja um *expert*. Porém, você não quer empreender, muito menos colocar capital em nenhum tipo de negócio.

Isso não impede que você gere uma nova fonte de renda com o seu talento através das mídias sociais e de cursos online. Eu tenho um canal de maternidade e *lifestyle* do YouTube que, vamos reconhecer, é bastante negligenciado por mim (já me comprometi a mudar esse comportamento em 2020). Eu não tenho constância para publicar vídeos e chego a ficar 1 ano sem adicionar um vídeo novo. Ainda assim, eu tenho mais de 90 mil inscritos e recebo, a cada dois meses, pagamentos do Google de cerca de R$1.300,00 (a renda não é mensal porque o canal não atinge o mínimo em dólares que o meu marido estipulou junto ao Google para a liberação do pagamento).

Perceba que eu tenho uma renda pequena, mas levando em consideração que eu fico longos períodos sem publicar novos vídeos, podemos concluir que, qualquer pessoa (inclusive eu) que se dedicar a um canal pode ter um faturamento mensal e progressivo utilizando o seu tempo livre e compartilhando conteúdo relacionado à sua área de especialidade ou interesse. Com o crescimento do seu canal, você pode gerar uma segunda receita, que são cursos online ou *eBooks* voltados para o seu público alvo. Você terá apenas o trabalho inicial de criar o conteúdo ou produto e posteriormente ganhará na escala de vendas ou visualizações.

O médico Lair Ribeiro é um perfeito exemplo de como ganhar escala em produtos diferenciados, tendo como matéria bruta a sua área de especialidade. Cardiologista e nutrólogo com reconhecimento internacional, Lair é, na minha opinião, um mestre na arte da geração de renda passiva. Ele publicou 38 livros, sendo muitos deles disponíveis para venda em 40 países. Com o advento das redes sociais, o médico criou canais de comunicação no Facebook, Instagram e YouTube, sendo que nesse último, os vídeos ultrapassaram a marca de 20 milhões de visualizações. Dr. Lair também produz e vende cursos online através de DVDs, CDs e vídeos em pay-per-view comercializados e assistidos diretamente em seu próprio *website*. Somente nos produtos listados acima, podemos constatar a existência de, pelo menos, 5 fontes de receita passiva com ganhos em escala.

Lair Ribeiro é um homem rico e você também pode trilhar seu próprio caminho rumo à riqueza desde que entenda que o enriquecimento está em ganhos escaláveis. O conceito de escalabilidade aplica-se também às empresas e, se empreender é o seu objetivo, você precisa desenvolver uma estratégia de produção e vendas em escala. Para melhor compreensão do conceito, vou dar um exemplo e acredito que você descobrirá facilmente qual é a empresa a qual me refiro. Imagine uma empresa do ramo alimentício, que implantou um modelo facilmente replicável e que se expandiu rapidamente para novos mercados. Seu modelo de negócio é focado em venda em escala, com entrega rápida ao cliente e preços baixos. A operação e os processos são repetitivos e executados no mundo todo da mesma forma. Se você pensou em McDonald's, acertou na mosca.

A famosa rede de *fast food* é um negócio escalável e, quando o modelo foi concebido em 1954, os irmãos McDonald's, que tinham uma pequena lanchonete, perceberam que os três itens mais pedidos no cardápio eram o hamburguer, a batata frita e o refrigerante. Eles decidiram implantar uma operação baseada nesses três produtos e desenharam o interior da loja e da cozinha de modo que todo o processo, desde o pedido até a entrega, durasse somente 30 segundos.

O exemplo é meramente ilustrativo, e cada empreendedor deve descobrir como transformar o seu talento em ganhos escaláveis. Eu conheço uma empresária que produz chocolates artesanais no Rio de Janeiro e acompanhei seu crescimento ao longo dos últimos 10 anos. Ela ainda aceita pequenas encomendas, mas o enfoque principal é atender pontos de vendas em cafeterias e restaurantes, através de um canal de distribuição fidelizado, no qual os estabelecimentos de alimentação revendem o seu produto. Existe coisa mais prazerosa do que almoçar e comer um bombom recheado de sobremesa? Outro nicho que ela encontrou para atuar foi o de eventos corporativos, para os quais cria doces personalizados. Como você pode ver, esta doceira-executiva encontrou alternativas de multiplicar seus ganhos com a aplicação inteligente do seu talento para fazer chocolates.

Como estamos falando de coisas doces, vamos analisar outro *case* que hoje funciona como renda ativa, mas que pode se transformar em renda passiva. Alguns capítulos atrás, eu mencionei a confeiteira que faz bolos e outros doces com a ajuda do marido. Eu torço muito pelo sucesso da empresa iniciante, mas acho que casal ainda está muito focado em renda ativa e trabalhando pelo dinheiro (quando deveria ser o contrário). Percebo que a confeitaria oferece uma gama muito grande de produtos e um cardápio muito grande para uma empresa que não tem mão de obra suficiente tende a ser um problema.

Além disso, por não possuírem uma equipe e trabalhem basicamente sozinhos ou com uma ajudante ocasional, o volume de vendas fica limitado devido à capacidade de produção ser restrita. Um sinal positivo é que eles contrataram uma assessoria especializada em pequenos empreendedores, e um plano de negócios adequado para expansão está em elaboração.

Ainda assim, vou compartilhar com vocês a minha visão para o *cake business* do casal. A priori, penso que eles deveriam reduzir significativamente o cardápio e, assim como os irmãos McDonald's, deveriam apurar quais são os produtos mais encomendados e focar nos mesmos, e tão somente nos mesmos. Com a seleção de produtos reduzida, a produção pode ganhar escala e a gestão de compras se especializa: são menos ingredientes a serem adquiridos e a confecção de doces ganha status de produção em massa. A médio prazo, após o aumento do volume de vendas e consequente ampliação da estrutura, eles poderão incorporar outros produtos.

Eu eliminaria também os trabalhos extras que a confeiteira realiza, tais como decoração de lojas, o que pode parecer uma contradição, considerando a minha defesa em prol da renda extra. Contudo, no caso em análise, visualizo um potencial projeto de multiplicação de ganhos, de modo que penso que ela deveria canalizar energia para o seu core business: *pâtisserie*. Outro limitador que observo é que o negócio está concentrado em uma cidade distante de capitais de estado e com uma população de menos de 80 mil habitantes, classificada pelo IBGE como cidade média-pequena, o que, a meu ver, pode dificultar o fomento de canais de distribuição.

Próximos passos do projeto: levantar capital para a empresa através de uma linha de crédito a juros reduzidos, contratar e treinar uma equipe de produção com foco em escala e realizar visitas a potenciais distribuidores. Em seguida, abrir a primeira unidade da confeitaria e formatar um modelo de franquia. A transformação de renda ativa para renda passiva se materializará não somente quando os ganhos se tornarem escaláveis, mas quando os sócios não precisarem mais estar à frente da linha de produção e a empresa andar sozinha, com uma boa gestão, contratos firmados, fluxo de caixa e equipe proativa. Assim, o casal poderá ver o dinheiro trabalhando por eles e se dedicar ao planejamento ao invés de execução.

Outra razão que justifica a necessidade do casal se afastar do trabalho "braçal" da produção e focar na estratégia empresarial é baseada no velho ditado que "o olho do dono é que engorda o porco". Explicando em uma linguagem mais organizacional, quando um modelo de business ganha escala, o dirigente deve ter acompanhamento periódico do fluxo de caixa e de novas unidades a serem agregadas à companhia. Vou usar novamente o exemplo do McDonald's e, caso você tenha interesse, recomendo que assista na Netflix o filme '*The Founder*' (em português, 'Fome de Poder'), que conta a história da rede de fast food.

Os irmãos Richard e Maurice McDonald fundaram o restaurante de lanches rápidos na cidade de San Bernardino, Califórnia e foram os criadores do sistema inovador de produzir um alimento em escala e com alto grau de produtividade e comprometimento da equipe. A dupla era extremamente focada nos processos internos e não tinha grande ambições, apesar de ter tentado, sem sucesso, replicar o formato em algumas franquias. Tudo o que eles queriam era conduzir o dia a dia do restaurante de San Bernardino. Suas vidas foram impactadas a partir do dia em que receberam a visita de Ray Kroc, um vendedor de 52 anos, a quem eles tinham encomendado 8 liquidificadores de *milk shake*.

Ray era um vendedor fracassado, mas muito otimista, que se preparava mentalmente ouvindo discos de autoajuda. Ao conhecer a lanchonete, ficou fascinado e assediou de modo incisivo os irmãos Richard e Maurice até persuadi-los a assinar um contrato no qual ele teria uma pequena participação para abrir franquias pelos Estados Unidos. Não sabiam os irmãos que, ao permitirem a introdução de Ray em seu negócio, eles estariam iniciando o processo que culminariam com a perda de tudo o que criaram.

O empreendedor esperto abriu linhas de crédito, angariou franqueadores e passou a se apresentar para todos, inclusive para a mídia escrita, como o fundador do McDonald's. Assistir o filme é, de certa forma, revoltante, porque Ray Kroc age de modo inescrupuloso e os irmãos são retratados como ingênuos. Por fim, Ray compra a parte dos irmãos por 2,7 milhões de dólares e uma participação nos lucros futuros. A parte da participação nunca foi paga, porque foi um contrato de gaveta, ou seja, somente de boca. Nem a continuidade da administração do restaurante de San Bernardino foi permitida aos irmãos e eles não puderam usar o próprio sobrenome em nenhum restaurante futuro. O valor pago foi simbólico diante da valorização da companhia, estimada hoje em 130 bilhões de dólares.

Entendeu agora por que eu acredito que, caso decida empreender, você deve criar o seu produto/empresa, elaborar os mecanismos de gerar escala e delegar tarefas rotineiras para uma equipe competente, mantendo a sua atenção no planejamento e na globalização do seu formato?

Pois bem, talvez você tenha chegado a este capítulo e esteja decidida que empreender não é o seu "barato". Você pode estar pensando 'olha, Kathleen, está tudo muito bem exemplificado, mas eu sou médica e não quero me envolver com nada disso.' De repente, você é funcionária pública e não quer se arriscar e então você pensa: 'tenho um alto salário, tudo o que eu quero aprender neste livro é como começar a investir e em descobrir maneiras de obter um pouco mais do que a minha rentabilidade da poupança'.

Muito bem, ainda nesta parte do livro – gerar renda extra – trataremos de opções para você, mais especificamente no capítulo 9. Peço que me permita apenas dedicar mais algumas páginas àquelas que desejam trilhar os rumos do empreendedorismo. Convido-a a seguir na leitura, afinal, conhecimento nunca é demais e pode ser útil em algum momento de sua vida futura.

O melhor ativo no qual você pode investir

Hotmart, Eduzz, Lomadee. *Marketing* de afiliados. *Marketing* multinível. Se você digitar qualquer um desses termos como hashtag no Instagram, a sua retina será inundada por imagens e perfis de jovens empreendedores; todos eles se auto intitulando como (futuros) milionários. Alguns possivelmente enriquecerão, mas a grande maioria não alcançará essa condição, devido a um pequeno erro: eles trabalham para consolidar a marca de outras pessoas, e não a deles. Não é que eles não entendam o conceito de renda passiva; eles somente o estão empregando da maneira errada. Fazem print da tela de seus celulares demonstrando as comissões que estão ganhando, mas não levam em consideração as horas dispendidas diariamente criando posts em grupos dos Facebook e no Instagram para distribuir links de afiliados de produtos que não lhes pertencem. Para mim, apesar de ser uma iniciativa válida, esta forma de gerar renda continua sendo renda ativa fantasiada de renda passiva.

Se você deseja enriquecer, de verdade, você precisa investir no maior ativo de todos: VOCÊ, sua marca, seu negócio, seu produto. O que é mais interessante para a sua prosperidade: você se posicionar no topo da SUA pirâmide de valor ou estar na base da pirâmide de OUTRA pessoa? No que tange a comissões, é preferível que você esteja pagando comissões para terceiros, que estejam vendendo centenas, milhares de unidades do seu produto, e não o contrário.

Certa vez uma seguidora do meu canal no YouTube (diga-se de passagem, uma pessoa extremamente gentil e proativa) me propôs usar os meus vídeos para divulgar produtos, em troca de um percentual da comissão dos produtos nos quais ela era afiliada. Perceba, eu ganharia uma comissão sobre a comissão dela. Ela foi sagaz ao procurar uma pessoa que possui algumas dezenas de milhares de seguidores, assim como deve ter contatado outras proprietárias de canal, para fazer ações de marketing "sem custo" para ela. Se eu não estivesse tocando tantos projetos, até acharia interessante, mas não foi o caso de me engajar, visto que preciso otimizar o meu tempo em prol de implantar as bases da minha prosperidade. Recomendo que você faça o mesmo, use o seu precioso tempo promovendo o seu enriquecimento.

Para isso, você precisa formatar uma fonte de renda que gire em torno da sua *persona* e da sua marca, os maiores ativos que possuirá nesta vida, e a sua energia deve ser canalizada para gerar escala nos produtos e serviços formatados com base nos seus talentos. Vinte anos atrás, Robert Kiyosaki entendeu isso e ignorou todas as cartas de rejeição que recebeu em resposta à apresentação do manuscrito do seu livro, Pai Rico, Pai Pobre, no mercado editorial. Algumas cartas eram desalentadoras – o acusaram de não saber o que estava escrevendo. Ele perseverou e publicou a obra por conta própria. Sua ousadia não causou um sucesso de vendas no lançamento, e as primeiras avaliações foram negativas. Mas, o "japonês" esperto confiava no produto que havia criado. Em pouco tempo, o livro, escrito em linguagem de fácil entendimento, foi alçado à lista dos mais vendidos. E lá ficou por sete anos. Pai Rico, Pai Pobre é a publicação de finanças pessoais mais famosa dos tempos modernos e, além de tantas outras lições de como enriquecer, Kiyosaki, nos ensinou que acreditar em si mesmo e usar o talento pessoal como gerador de renda é sempre o melhor negócio.

Outra lição poderosa deste célebre escritor, que você deveria aplicar, é participar de uma atividade – emprego, curso, workshop – para desenvolver uma habilidade que não seja o seu ponto forte. Na juventude, Kiyosaki arrumou um emprego de vendedor na Xerox, porque era tímido e precisava aprender técnicas de venda. Neste sentido, eu acho proveitoso que você trabalhe com ações de *marketing* de afiliados para outras pessoas, desde que seja por um tempo limitado e com o intuito de aprendizado. Seja rápida e efetiva em absorver conhecimentos de vendas, *marketing* e *copywritting* para utilizar o *know-how* adquirido para turbinar o seu empreendimento.

O mais importante (e para muitos, o mais difícil) é descobrir quais são as suas potencialidades pessoais e como convertê-las num produto. Vamos ao meu exemplo: o meu primeiro predicado é ter facilidade para escrever; então estou produzindo cada vez mais material, enquanto estudo para aprimorar a minha qualidade textual e técnicas de edição. Em segundo lugar; até pela minha profissão de arquiteta, eu sou um "ser criativo" e tenho facilidade para trabalhar com diversos programas e tecnologias, como por exemplo criação de sites. Por fim, tenho especial interesse por finanças e habilidade para operar no mercado de capitais.

Sendo assim, defini que a minha renda passiva precisa de vir dessas habilidades, sendo imperativo que eu encontre tempo para gerar proventos por meio destes talentos, mesmo tendo um filho de seis anos de idade e um trabalho de 35 horas semanais, os quais tornam a minha tarefa um pouco mais árdua, mas não menos encantadora.

E quanto a você, qual é o seu talento? O seu talento não precisa ser utilizado para a criação de uma empresa, caso não seja o seu ideal de vida. Mas você pode, assim como fez o Dr. Lair Ribeiro, criar infoprodutos com a sua marca.

Um Infoproduto é produzido em um formato digital que possa ser compartilhado ou vendido online, tal como, um curso, eBooks, videoaulas, podcasts, audiobooks, revistas eletrônicas e programas exclusivos para membros. O que há em comum entre todos os produtos acima citados é que o criador tem um trabalho inicial de elaboração e, se criar uma boa divulgação, tem a possibilidade de conseguir ganhos escaláveis. A venda do Infoproduto pode ser feita pelo criador do conteúdo ou através de afiliados, que são parceiros que irão receber uma comissão pelas vendas realizadas.

Existem vários ambientes online onde o produto digital pode ser armazenado e comercializado. A Amazon, a Saraiva e a Cultura possuem plataformas de venda onde o criador pode comercializar seus livros no formato digital e impresso. Caso o seu produto seja uma videoaula ou um curso, é necessário encontrar uma plataforma EAD que ofereça um suporte de qualidade. No Brasil, a plataforma líder para infoprodutos é a Hotmart, que oferece tecnologia tanto para quem quer hospedar conteúdo para venda quanto para quem quer ganhar comissões vendendo produtos de outros criadores. Se o seu caso é este, vender online cursos ou livros, você deve prezar por uma empresa que tenha regras claras, ótimo suporte, ambiente personalizável, segurança, que tenha um custo/taxa acessível e possua um programa de afiliados. Além da Hotmart, existem outras plataformas que podem hospedar o seu curso online, sendo as principais:

- Apollo – oferece diversos pacotes de assinaturas para o criador que quer abrigar cursos desde grupos de menos de 1000 alunos até 15 mil alunos;
- Leadlovers – também oferece diversos pacotes mensais;
- Moodle – gratuita e presente em mais de 200 países;
- Eadbox – bastante completa para cursos e vídeos;
- Edools – possui grandes clientes como o Sebrae e os orçamentos devem ser feitos sob consulta;
- SambaPlay – orçamentos também feitos sob consulta;
- Udemy – tem alcance mundial, é gratuita e possui mais de 15 milhões de alunos.

Existem diversas outras e mencionei apenas algumas das mais conhecidas. Se você tem uma ideia na cabeça, uma especialidade que possa ser formatada em forma de curso ou livro, sugiro que pesquise algumas dessas plataformas. Muitas delas dão suporte para a elaboração do *eBook* ou do curso online, através de tutoriais ou ferramentas de criação.

8 – NÃO VACILE NO CAMINHO DA RENDA EXTRA

Tenho constatado uma tendência de comportamento em ascensão que é a necessidade de retorno em grande escala em um curto espaço de tempo. As pessoas vivem em função da urgência que seus desejos se manifestem instantaneamente, tais como um expressivo número de seguidores, uma rápida ascensão na carreira, crescimento exponencial de uma nova empresa ou resultados financeiros extraordinários.

Este é o primeiro erro que uma pessoa comete ao dar início a busca pela renda extra: deixar-se dominar pela ansiedade em obter resultados acima da curva e a curto prazo. A pressa, como todos bem sabem, é inimiga, não somente da perfeição, mas também da primorosa execução dos nossos objetivos. É preciso racionalidade para potencializar o seu *inner focus*, que significa o seu foco interior, o qual direciona a sua intuição e tomada de decisões. Manter-se racionalmente focada é a tática que você deve adotar para atingir as suas metas uma a uma, no tempo devido.

Perceba o que eu escrevi: no tempo devido. Obviamente, devemos imprimir um nível de velocidade às nossas ações, até mesmo porque estamos em um contexto em que a evolução tecnológica dinamiza todas as áreas. Entretanto, devemos aceitar que certas metas demandam um período maior tempo para acontecer porque estão conectadas a diversos processos que precisam se suceder, cada um a seu tempo. Analise a vida dos maiores bilionários da lista da Forbes e verá que a riqueza deles não foi obtida em poucos dias ou meses. Isso vale para as maiores companhias listadas na Fortune Global 500. Se você ponderar que nem mesmo Deus criou o mundo em um dia, encontrará a compreensão e serenidade necessárias para arquitetar o seu senso de urgência e conduzir os seus planos com um grau de expectativa realista.

Outro erro comum, e cujo desfecho é quase que sempre o fracasso, é a pessoa lançar-se em uma empreitada sem estar habilitada com o conhecimento necessário; e isso vale tanto para o investidor novato que acessa o *homebroker* sem ter a orientação apropriada para comprar ações quanto para o empreendedor que possui habilidades para o nicho de mercado escolhido, mas que não possui informações sobre os seus concorrentes.

O próprio conhecimento do mercado e da concorrência não oferece garantias para o sucesso, então imagine os desafios de se iniciar um negócio em um nicho que você não conheça. Espírito competitivo e positividade são primordiais, mas sem as ferramentas essenciais de gestão que qualquer empresa necessita para prosperar, você pode estar fadada ao fracasso. Por isso, é tão importante recorrer a uma assessoria especializada, como a que instituições com o SEBRAE prestam. Não cometa o erro de pensar que você domina cada passo que deverá ser dado em uma companhia desde o seu desenvolvimento até a sua maturação.

Outro fator determinante do fracasso ou do sucesso de novos empreendimentos é o dimensionamento. O empreendedor iniciante se lança ao trabalho sem planejar corretamente variáveis cruciais como fluxo de caixa, dimensão de estoque e capital de giro. Aplicar 100% do seu capital em estoque, equipamentos e marketing sem reservar uma fatia para capital de giro pode ser o começo do fim da sua empresa. Você deve entender que, nos primeiros meses você vai ter de fazer muito mais aportes do que retiradas; muitas vezes, terá comprar à vista e vender parcelado ou fará compras em prazos menores do que os que oferece ao seu cliente, de modo que cálculos precisam ser feitos prevendo tais eventos. Os boletos nunca pararão de chegar e será imprescindível que você faça a máquina girar com o capital reservado para esse fim.

Utilizar dinheiro da empresa para despesas pessoais é mais um erro costumeiro. Aprenda antes de começar que o dinheiro da empresa pertence à empresa e que as suas retiradas deverão ser feitas através de um pró-labore. Advindo do latim, pró-labore significa "pelo trabalho" e vem a ser a remuneração que você irá receber pelo serviço prestado em sua própria empresa. O valor ou percentual mensal deve estar definido no seu plano de negócios e tenha em mente que essa retirada sofrerá a incidência de impostos específicos. Mantenha contas bancárias distintas para a pessoa física (você) e jurídica (sua empresa) e estabeleça o seu pró-labore de acordo com a estrutura da sua companhia que você pretende criar.

Lembre-se ainda de uma regra essencial: começar pequeno é um ótimo passo para crescer com consistência. Portanto, não superdimensione o seu estoque e não compre mais do que você precisa para o período inicial de vendas. Isso não vale somente para estoque, mas também para mobiliário, equipamento e time de funcionários. Ter um estoque grande e bastante variado e uma equipe pronta para atender com agilidade pode parecer uma vantagem competitiva no início, mas as suas despesas iniciais podem descapitalizar a sua operação e majorar o seu custo fixo. Pense em um modelo empresarial enxuto, com custos fixos mais baixos, e que demandará menos capital de giro, contribuindo para o aumento da sua lucratividade.

E, por favor, não cometa mais este erro que enterrou tantos empreendimentos proeminentes: Exagerar no uso de linhas de crédito. Não é porque você possui um excelente *credit score,* que lhe permite conseguir diversas linhas de crédito a juros atrativos que você irá sedenta ao pote, angariando todo os recursos financeiros que o seu gerente de banco ofereça. Você pode se afogar. Leve em consideração que todo negócio necessitará eventualmente de uma linha de crédito, mas não queira abraçar o mundo sem saber como saldar os seus compromissos no futuro. Comece pequeno, prossiga com sensatez. Ah, e não se esqueça de ter direção defensiva. Não entendeu? Tudo bem. Explico agora.

Um bom contrato soluciona conflitos

Você já ouviu falar sobre direção defensiva? Se você tem uma carteira de motorista, provavelmente sim. Quando você está ao volante, deve se portar da melhor maneira possível, dirigindo na velocidade indicada para a via, obedecendo à sinalização, entre outras rotinas. Contudo, isso não é suficiente para que não ocorra um acidente de trânsito, simplesmente devido ao fato de você não ser capaz de controlar todas as variáveis, como o comportamento indevido de pedestres e outros motoristas.

Para minimizar os seus riscos é que entra a direção defensiva, que nada mais é do que você praticar uma condução preventiva, tendo atenção redobrada ao ambiente que a cerca. É antever e se prevenir contra possíveis ocorrências. Você dirige vigiando o outro, imaginando que ele possa fazer uma bobagem, entende? Agindo assim, protege a si mesma e a terceiros.

Quando decide empreender, criando um negócio que venda produtos ou serviços, em qualquer área, seja em um escritório, consultório, loja física ou loja online, a sua direção defensiva será ter explicitadas no papel as regras da transação para que a outra parte entenda. Vamos supor que você seja uma dermatologista e que performe procedimentos estéticos minimamente invasivos. Nesse contexto, é interessante que você tenha um documento que explique o procedimento, suas possíveis reações e que faça suas clientes assinarem que entendem e aceitam os termos. Quando eu fiz um simples procedimento de infiltração de remédio na coluna, assinei um termo que descrevia horrores, inclusive possíveis paralisias.

Se você tem um site e vende produtos online, é essencial que o seu site tenha uma aba de atendimento ao cliente, expondo todas as condições de trocas e cancelamentos. Caso pretenda prestar algum tipo de serviço, principalmente um que tenha diversas etapas de entrega e pagamentos, precisa elaborar um contrato esclarecendo todas as condições. Isso protege o seu negócio e o seu cliente. Vou dar exemplos da minha vida profissional para que você compreenda a importância de se ter um contrato claro e abrangente.

Um dos meus primeiros clientes como arquiteta foi um comerciante, um senhor de cerca de sessenta anos, que queria um projeto residencial. Combinamos o valor, eu recebi a entrada e me pus a trabalhar. Não me lembro se existiu um contrato, mas acredito que não, e que eu apenas apresentei uma proposta de trabalho com o valor do serviço. Pois bem, em determinado momento, o senhor me comunicou, pessoalmente, que queria desistir do projeto e que havia conversado com algumas pessoas, que o orientaram a me pagar apenas o montante de vinte porcento, referente a uma compensação pela rescisão. O sinal pago contemplava mais de 20% e, provavelmente, eu ainda teria de devolver dinheiro. Eu era inexperiente, não esperava por aquele desfecho e contava com o valor restante a receber, até porque, naquela época, a vida financeira da minha família estava bem difícil.

Eu era tão menina na época que, após ouvir o comunicado, comecei a chorar na frente do cliente. Ele, um empresário experiente, ficou constrangido e disse que eu era muito sensível e que não podia ser frágil assim na profissão. O cliente estava corretíssimo; a minha postura foi totalmente inadequada. Ele acabou me dando um valor a mais, a título de multa, mas o que eu ganhei realmente com aquela situação foi o conhecimento de que: 1 - eu teria de assumir uma postura mais equilibrada nos meus contatos profissionais; 2 - eu deveria me preparar para eventuais quebras de contrato; 3 - eu precisava com urgência de um modelo de contrato bem elaborado, contemplando todas as cláusulas necessárias para o bom andamento do serviço acordado.

Assim eu fiz, estabelecendo etapas de trabalho e prazos de pagamento, explicitando que, após uma etapa ser iniciada, a mesma deveria ser paga, independentemente de desistência, e incluí cláusulas referentes à rescisão. Nunca mais tive problema em relação a pagamento ou rompimento de contrato após elaborar este documento. Porém, percebi em pouco tempo, que deveria adicionar cláusulas extras à minha minuta. Novas surpresas (desagradáveis) me esperavam.

O dissabor seguinte – e que gerou novas cláusulas – foi um projeto que eu fiz para um casal, ambos efetivos em altos cargos no poder judiciário. Correu tudo certo com o projeto, mas como o contrato contemplava também o acompanhamento da obra, e eu indiquei alguns profissionais, entre eles, um marceneiro bastante jovem que, por ter apresentado um portfólio de serviços de qualidade aliado a um bom preço, ganhou a concorrência para a execução da marcenaria. Em dado momento, possivelmente por descontrole financeiro, o rapaz não entregou um dos móveis contratados, pelo qual já havia recebido, e sumiu. O cliente requisitou uma reunião e argumentou que, quando uma loja, tipo o Ponto frio, vende um produto da marca Brastemp (estou apenas citando o exemplo que ele usou), caso a segunda gere qualquer problema para o cliente, a primeira terá de arcar com o prejuízo, por ter responsabilidade solidária. Deste modo, eu (pobre arquiteta) deveria ressarci-los pelos prejuízos sofridos. Fiquei em choque e olhei para a esposa; ela estava de cabeça baixa, totalmente sem graça. Eu não ia ser louca de brigar com um poderoso homem da justiça, que certamente iria encontrar meios de me processar. Adicione a isso o fato de que um arquiteto faz a sua fama e clientela através de indicações. Eu havia sido indicada a esse casal por um amigo deles que, por sua vez, tinha sido meu cliente. Eles poderiam não me indicar para ninguém (como não indicaram), mas eu queria garantir que eles também não arranhassem a minha reputação no mercado.

Eu poderia ter argumentado que, no exemplo dado de responsabilidade solidária, as duas partes ganhavam dinheiro ao vender o produto e que eu não estava ganhando nada do marceneiro, tal como uma comissão. Mas preferi engolir qualquer argumento, pedi para o pagamento ser feito em três parcelas e me conformei com a minha "dívida". O valor era significativo e correspondia à metade do que eu cobrei pelo projeto, ou seja, paguei para trabalhar, visto que tive custos com funcionários, escritório, além de diversas visitas gratuitas oferecidas no contrato.

Após essa situação desagradável, e que doeu feio no meu bolso, modifiquei a minuta padrão de contrato, esclarecendo que eu, como arquiteta, poderia vir a indicar profissionais para a prestação de serviços na obra ou de mobiliário/decoração, estando, porém, isenta de qualquer ligação e/ou responsabilidade por acordos e desacordos comerciais entre as partes. A cláusula é mais elaborada do que descrevi acima, mas sei que você entendeu a finalidade. Também passei a cobrar visitas à obra. Depois disso, nunca mais tive problemas nos projetos do meu escritório de arquitetura.

Como você pôde notar, um acordo comercial pode ter diversas nuances, pegadinhas e percalços. Você deve acionar a direção defensiva, antevendo situações, resguardando-se e deixando "em pratos limpos" todos os pontos relacionados ao que você vai entregar, bem como as contrapartidas que o cliente deverá oferecer. Eu aprendi no sofrimento e no prejuízo devido à minha inexperiência mas, com você não precisa ser assim. Se você não possui fundos para pagar um advogado pela elaboração do contrato, procure na internet modelos similares ao serviço que pretende prestar e monte a sua minuta com cláusulas que sejam pertinentes, adequando-as para o seu *business*. Caso pretenda criar um comércio eletrônico, estude os sites de empresas maiores, tome como base todas as cláusulas e termos que se adequarem ao seu *e-commerce* e escreva-os na página dedicada ao atendimento ao cliente. Seja abrangente, antecipe-se aos problemas e lembre-se: direção defensiva é sempre a melhor estratégia.

9 – POR QUE TANTAS PESSOAS ADORAM FIIS E DIVIDENDOS

Conforme mencionei em capítulos anteriores, nem todas nós temos uma veia empreendedora, disponibilidade de tempo para conduzir um negócio ou anseios neste sentido. Muitas, por terem uma fonte de renda certa e contínua, desejam apenas possuir aplicações com as quais possam gerar renda passiva e, se este for o seu caso, este capítulo foi formatado pensando em você.

Permita-me que eu lhe apresente dois nobres senhores. Provavelmente, irei citá-los em outros momentos, dado que ambos são figuras notáveis, um deles em âmbito nacional e o outro em âmbito global. Eu me refiro ao brasileiro Luiz Barsi e ao americano Warren Buffett.

Talvez você já tenha ouvido falar de Barsi e Buffett, tamanhas são as suas façanhas no mercado financeiro. O primeiro, que iniciou sua vida economicamente ativa aos 9 anos como engraxate, é hoje o maior investidor individual da bolsa de valores brasileira, com patrimônio estimado em 2018 de 1, 4 bilhão de reais. A jornada bem-sucedida de Barsi no mercado de ações foi desencadeada após ele conseguir um emprego em uma corretora de valores, aos 14 anos. Criterioso e centrado, o jovem se dedicou a estudar as empresas à luz da análise fundamentalista, que é basicamente o estudo dos fundamentos de uma companhia: sua saúde financeira, ativos, passivos e ganhos; concorrentes e atuação no mercado; qual é o cenário político e econômico no qual a operação da empresa está inserida e como esses e outros fatores podem impactar o valor da ação.

Barsi analisou companhias e mercados para definir o valor justo a se pagar por cada ação. Ademais, visualizou o panorama futuro e percebeu que o sistema previdenciário brasileiro não conseguiria garantir um bom rendimento mensal para os aposentados, de modo que ele mesmo deveria montar a sua carteira previdenciária. O investidor elegeu algumas empresas com bons fundamentos e potencial de distribuição de dividendos.

No hemisfério Norte, em uma pequena cidade do estado do Nebraska, Warren Buffett dava seus primeiros passos como empreendedor aos seis anos de idade, comprando garrafas de Coca Cola no comércio de seu avô e as revendendo por um preço mais alto. Aos 11 anos comprou suas primeiras ações e passou os anos seguintes fazendo pequenas transações comerciais para gerar renda, como entrega de jornais, compra de máquinas de fliperama e aluguel de um carro que comprou para esse fim. Buffett fez faculdade de Economia e dedicou-se a construir o seu império, tornando-se um dos maiores bilionários da Forbes e uma lenda no mercado de capitais, exemplo de um investidor bem-sucedido. O que ele e Barsi têm em comum? O interesse por boas empresas pagadoras de dividendos

Se você não está habituada ao conceito de dividendo, atente-se às informações a seguir, pois, saber construir uma carteira previdenciária será de grande valia para o seu portfólio de investimentos. Quando uma empresa de sociedade anônima se encontra suficientemente madura, no sentido de ter a sua estrutura funcional consolidada e não demandar substanciais aportes para a sua operação, a companhia pode vir a distribuir parte dos seus lucros aos acionistas na forma de dividendos, pagos em dinheiro, ações ou direitos de propriedade. A periodicidade do pagamento pode ser mensal, trimestral, semestral ou até mesmo anual, definida por decisão discricionária do conselho de administração e devidamente especificada nos documentos divulgados pela equipe de relação com os investidores.

Caso você não queira empreender, tenha uma soma considerável de dinheiro acumulada e queira somente uma aplicação financeira que gere renda passiva, os dividendos dos fundos imobiliários (FIIs) e das ações podem ser boas alternativas. Os FIIs, que trataremos com mais detalhe em outro capítulo, pagam mensalmente dividendos aos seus cotistas, oriundos de receitas de aluguéis e de investimentos no ramo de imóveis. Os dividendos de ações, como já foi mencionado, advêm dos lucros de empresas que não demandam altos valores de reinvestimento na operação do negócio, de modo que existe uma sobra para remunerar os sócios. Posso afirmar que é uma sensação incrível receber uma carta em casa, com o devido tratamento de acionista e informações sobre o pagamento de dividendos, como eu recebo com regularidade por parte do Itaú.

Para ilustrar a geração de renda passiva através desse tipo de provento, vou pegar emprestado um exemplo prático do CEO da fintech Yubb, Bernardo Pascowitch. O empreendedor fez uma simulação de quanto seria necessário investir para obter uma renda mensal de pouco mais de R$5.000,00 (data de referência dos cálculos - 04/10/2019). Ele escolheu alguns fundos imobiliários e algumas ações para calcular o investimento necessário para atingir o rendimento desejado. Entre os ativos que Pascowitch selecionou para o seu estudo, escolhi dois para demonstração, com objetivo meramente educativo:

Investimento necessário para uma renda mensal de R$5.419,00
(Fonte Yubb. Data de referência – 04/10/2019)

Fundo Imobiliário: BCFF11
- Preço Cota: R$91,80
- Dividend Yield: 6,49% (últimos 12 meses)
- Dividendo por cota: R$0,49
- Quantidade de cotas: 10.914
- Valor investido: R$1.001.972,27

Ação Itausa ITSA4

- Preço Ação: R$12,50
- Dividend Yield: 9,50% (últimos 12 meses)
- Dividendo por ação: R$0,09
- Quantidade de ações: 54.760
- Valor investido: R$684.505,26

Obs.: Os pagamentos de dividendos dos fundos imobiliários são mensais. No caso dos dividendos da Itausa, o pagamento é trimestral, e o autor do estudo simulou a situação hipotética de gerenciamento de fluxo de caixa e distribuiu o valor pago trimestralmente em parcelas mensais.

A intenção de Pascowitch em sua análise foi prover um comparativo simples e didático, de modo que ele não considerou pormenores tais como ganhos com a valorização das ações e cotas ou novos aportes. De qualquer forma eu acho um exemplo brilhante de como você pode gerar a desejada renda passiva através de aplicações financeiras.

Apesar de existir um projeto em tramitação no Senado com o objetivo de recriar a tributação de 15% sobre lucros e dividendos das empresas, até o presente momento, tanto os dividendos das ações quanto os dividendos dos fundos imobiliários são isentos de incidência de imposto de renda. Os valores recebidos pelo investidor, nesse caso, são líquidos e podem ser resgatados sem nenhum tipo de dedução fiscal.

Gostaria que você observasse a tabela novamente a fim de verificar a presença de um indicador, denominado dividend yield. Traduzido para o português, dividend yield significa rendimento do dividendo e é a relação preço-dividendo de um ativo em um valor percentual. Esse valor nunca é fixo, variando periodicamente e não se pode assumir como certo que a empresa continuará mantendo o valor de dividendos pagos, pois isso depende dos resultados da empresa que estão interligados ao cenário econômico, entre outros fatores. Mas, o indicador serve como um direcionamento, principalmente quando analisado usando como referência um prazo mais longo, como 5 anos. Orientada por um analista de investimento, você pode selecionar empresas ou fundos imobiliários que possuam um bom histórico de pagamento de dividendos e investir nessas companhias para obter um fluxo de renda passiva.

No caso de dividendos de ações, é importante também se atentar para algumas datas ao comprar os ativos. Geralmente, as companhias divulgam três datas que interessam aos investidores:

- **Anúncio** - Data em que a companhia avisa ao mercado que fará o pagamento de dividendos, qual será o valor da remuneração e a data em que o pagamento ocorrerá;
- **Ex** - Data referência para o pagamento dos proventos. Vamos dar como exemplo que a empresa anuncia como data Ex o dia 03 de julho de 2020. Somente os acionistas que tenham posição (estejam comprados) nas ações da companhia nesta data terão direito a receber os dividendos;
- **Pagamento** - Data na qual os dividendos são efetivamente creditados para o acionista.

Na minha experiência como investidora, quanto mais observo a volatilidade e suscetibilidade dos mercados mundiais perante acontecimentos internos e externos, mais me conscientizo de que investir em companhias maduras e que remunerem os acionistas com parte dos lucros obtidos é uma excelente estratégia. Em um momento de crise, seja esse uma leve turbulência ou uma profunda recessão, as empresas que possuem negócios consolidados respondem mais positivamente do que as empresas de crescimento rápido.

Existe ainda outra modalidade de gerar renda extra com ações que é a realização de operações de curto prazo, e venho realizando essas operações, também conhecidas como trades, com muito sucesso e obtendo lucros semanais. Dedicarei um capítulo exclusivo para trades na seção do livro que trata sobre investimentos. Antes disso, vamos nos aprofundar na maneira com que você lida com o seu dinheiro no dia a dia. É hora de aperfeiçoarmos o seu modo de economizar o dinheiro que ganha.

PARTE II – ECONOMIZAR

10 – QUANDO VOCÊ ESTÁ ENCURRALADA E NÃO PERCEBE

Eu tenho uma pergunta e peço que você reflita antes de respondê-la, visto que sua conclusão sobre o tema será um instrumento norteador de suas estratégias para o futuro. Portanto, prepare-se. Leia, reflita e responda: Por que algumas pessoas que possuem altos rendimentos nunca conseguem poupar e sempre estão com o saldo da conta bancária no negativo? Se você responder apressadamente, dirá que elas gastam muito, e essa resposta é parcialmente correta. Entretanto, é primordial se aprofundar nos porquês; é preciso concentrar-se no núcleo da causa, pois, gastar muito é a consequência de escolher viver em um padrão igual ou superior ao que os seus rendimentos possam proporcionar.

Imagine uma pessoa que vive com os pais e não necessita de contribuir nas despesas mensais da casa. Para que você crie uma imagem mental, vamos escolher um nome aleatório... Maria (vou usar o nome da minha mãe, então ninguém poderá conjecturar que usei um exemplo real). Vamos supor que o salário mensal da Maria seja de R$2 mil e que ela empregue o valor dos seus proventos, após os descontos previstos em lei, no pagamento da uma prestação de uma moto, em lazer e em roupas, além de despesas com viagens ocasionais.

Ao final de cada mês, Maria fica com um saldo negativo em conta de aproximadamente R$400,00, mas ela não se importa, uma vez que utiliza o salário que cai no mês seguinte para cobrir o déficit e pagar os juros cobrados pelo banco. Fazendo essa jogada financeira, ela usa o limite do cheque especial como um complemento do salário e segue empurrando o negativo em suas despesas globais, mês a mês. Ela reclama que o motivo do salário não sobrar é devido a ela ganhar pouco e que, assim que conseguir um emprego melhor, sua situação mudará.

Maria se gradua na faculdade e, como tem alguns anos de experiência na sua área de formação, consegue um emprego em uma boa empresa, ocupando uma vaga entre júnior e pleno, com um salário de R$4.800,00. Decide então que é hora de sair da casa dos pais e alugar o próprio apartamento. Existem algumas opções de imóveis de um quarto em prédios pequenos e sem elevador, ao valor mensal de R$1.000,00 para alugar, mas ela pondera que, como está ganhando bem, merece morar bem. Então, por que não alugar um studio de R$1.900,00 naquele condomínio novo que tem piscina, academia e diversos outros itens de lazer? Ela observa que maioria dos seus colegas da nova empresa possui carro e decide vender a moto e financiar um automóvel com uma parcela, de R$650,00 mensais, que cabe no seu bolso.

Além disso, nota que precisa de umas roupas novas para fazer vista no trabalho e junto aos vizinhos do condomínio novo. Combina também com a diarista que trabalha na casa dos pais, uma limpeza quinzenal no seu novo studio. Ao receber o contracheque do primeiro mês de trabalho, verifica que, com os descontos de INSS, imposto de renda, plano de saúde da empresa e ticket, o seu salário foi bem menor do que ela esperava. Somando isso a todas as despesas adquiridas na sua nova vida independente fora da casa dos pais, ela se dá conta que terá de lidar com um negativo de R$990,00 mensais. Como é uma pessoa muito dedicada e capacitada, consegue alguns trabalhos de *freelancer* para cobrir o negativo. Conclui que tudo irá bem, desde que não exagere no cartão de crédito. Contudo, a euforia inicial cede lugar a uma ponta de insatisfação, pois constata que ainda ganha pouco e merece mais.

O tempo passa e Maria galga alguns degraus na carreira e atinge um salário de R$8.600,00, o que é ótimo para uma pessoa solteira e sem filhos. Mas, neste ponto, ela adquiriu hábitos mais sofisticados, como frequentar uma academia conceituada em um shopping da zona sul, jantar ocasionalmente em restaurantes caros, além de ter em seu convívio, pessoas que fazem pelo menos uma viagem internacional por ano, o que faz com que ela sinta uma certa pressão para acompanhar o ritmo de seus novos amigos. Quanto ao seu carro... ah, o seu carro de dois anos de uso está um pouco defasado e nem tem banco de couro – ela pensa. Ora, o seu salário comporta um financiamento mais alto, e o studio de um quarto também está um pouco claustrofóbico e não comporta toda a turma para uma festinha. Enfim, por que não agregar um pouco mais de conforto? Afinal, ela engoliu tanto sapo dos chefes para chegar àquele patamar e, sim, ela é merecedora e pode se dar ao luxo de viver no mesmo nível do círculo daqueles com quem convive.

Mais uma vez, uma nova elevação do padrão de vida e do nível de gastos, acarretando a continuidade do padrão receita versus despesas no negativo ou, no máximo, no patamar zero a zero. O sentimento de frustração se faz aumentar diante da constatação de que, por mais que trabalhe, Maria não consegue gerar sobra de receitas para criar um fundo de reserva para necessidades emergenciais, muito menos para fazer investimentos.

O exemplo que acabamos de estudar é o que o escritor Robert Kiyosaki denomina de "A corrida dos ratos". O termo é antigo, mas o autor de *best sellers* o popularizou no mundo todo e o utilizou para simbolizar os indivíduos cujos gastos consomem a totalidade de seus rendimentos, o que faz com que trabalhem unicamente para pagar dívidas, não chegando financeiramente a lugar nenhum. Assim como os ratos que vivem correndo dentro de um círculo metálico, as pessoas que se levantam a cada manhã para trocar suas horas de trabalho pelo pagamento de despesas encontram-se no mesmo círculo vicioso.

Na parte I deste livro, você aprendeu o quão importante é a geração de renda extra e de múltiplas fontes de renda para alavancar a sua independência financeira. Nesta parte II, irei mostrar a importância de administrar bem os ganhos, eliminando débitos, diminuindo despesas, vivendo um degrau abaixo do padrão remuneratório, de modo a sair definitivamente da corrida dos ratos. Vamos em frente, eu estou animada e espero que você também esteja.

11 – NÃO QUERO ENTRAR EM UM CASAMENTO COM DÍVIDAS

A frase título deste capítulo foi o que eu disse para o meu marido assim que nós iniciamos os preparativos para nos casarmos. Sim, querida leitora, a esposa inteligente sabe que ter finanças equilibradas auxilia – e muito – na saúde do matrimônio. E este exercício, o da correta administração financeira, deve começar antes mesmo da data para o enlace ser marcada. Antes de prosseguir meu relato, quero avisar que a moral da história deste capítulo é **não entrar em um casamento com dívidas feitas pelo casal**. No mais, apesar de eu fornecer algumas dicas sobre economia para o planejamento do casamento e de viagens, talvez você não esteja interessada no conteúdo, caso já seja casada. Fique à vontade para saltar para outro capítulo, a não ser que queira conhecer um pouco sobre a minha experiência. Fique à vontade.

Eu sempre quis uma cerimônia de casamento pequena e requintada, que nos Estados Unidos é chamada de *mini wedding*. Eu sonhava com uma cerimônia religiosa pela manhã, seguida de uma recepção em um restaurante refinado ou em um hotel, menu sofisticado, bebida de qualidade e eu trajando um vestido despretensioso e elegante. Uma lista enxuta, entre vinte e cinquenta convidados, me deixaria feliz. Cheguei a prospectar alguns lugares, mas a ideia da recepção diurna perdeu força quando eu reservei a data na igreja e constatei que os casamentos eram realizados somente no período noturno. O horário marcado, 21 horas, dava um tom formal e pomposo à cerimônia. E, tal como a personagem Carrie Bradshaw, do filme Sex and the City, que, ao ganhar um vestido de noiva de *griffe*, disse que o vestido mudava tudo e a cerimônia simples devia dar lugar a uma festa maior, também no meu caso, a igreja mudou tudo. Foi-se o almoço, veio a festa.

Eu ainda cheguei a sugerir ao Jean que fizéssemos algo pequeno, para pais, irmãos e aqueles velhos amigos do peito. Aos demais, poderíamos enviar um comunicado de casamento (mais uma ideia inspirada nos gringos), reportando que havíamos nos unido em matrimônio e informando o novo endereço. Ele não topou. Pode ter sido nesta conversa que eu soltei a peculiar frase "Eu não quero entrar em um casamento com dívidas". Ele concordou e combinamos de fazer um planejamento enxuto.

Naquela época, 2009, eu queria gastar no máximo R$10 mil e comecei a fazer minha lista de convidados: meus pais, irmãos e cunhados, e uns poucos amigos próximos. Por não ser oriunda de Belo Horizonte, pude fazer uma lista pequena. A lista do Jean era maior. Além de ter muitos familiares, sua mãe, uma estilista de alta costura, gostaria de incluir alguns convidados classudos de sua rede de relacionamento. No final, a lista ficou com pouco mais de 100 pessoas, sendo 30% convidados meus e 70% do Jean e, ainda assim, ele não convidou o pessoal do trabalho, pois seriam tantos que representariam toda a minha parcela de convidados. As despesas foram compartilhadas entre três pessoas: eu, o Jean e o meu pai, sendo que este último fez um aporte financeiro maior do que o nosso.

Entre os itens que eu fazia questão estavam um ótimo buffet e uma bela decoração. O Jean queria um cantor que havia tocado no casamento da irmã e que era muito bom. E a futura sogra me apresentou a necessidade de diversos itens que não passavam pela minha mente inexperiente no protocolo das bodas. Eu vi as cifras aumentarem diante dos meus olhos e mantive um olho nas sugestões e outro na planilha de custos.

Não digo que estouramos o orçamento, eu apenas me adequei a uma realidade diferente e a uma lista maior. Se fomos além do orçamento que eu gostaria, foi porque tínhamos condição de dar tal passo, com decisões tomadas dentro da nossa capacidade financeira. No final das contas, a festa ficou por R$25 mil, foi linda e chique. O melhor de tudo é que nós não devíamos nem um centavo no dia do evento. Ainda assim, confesso que, por muitos anos, o meu lado pão duro ruminou sobre o fato de que a festa poderia ter sido menor e que nós teríamos sido felizes da mesma forma. Uma amiga do Jean se casou pouco depois, e nos moldes que eu tinha imaginado: durante o dia, em um restaurante de prestígio e usando um vestido simples e bonito. Outra amiga minha se casou dois meses depois em um restaurante de decoração linda, recepcionando 100 pessoas ao custo global de 10 mil reais.

Qual é o ensinamento que eu quero dar para você? Que é possível fazer uma festa bonita com pouco dinheiro. Vejo pessoas de classe média, sem posses significativas, que bancam o sonho da grande festa para trezentos convidados, ao custo de mais de 100 mil reais. O problema é que nem todos possuem este montante e optam por fazer prestações para o futuro, através de empréstimos bancários.

Gostaria de resumir os princípios que eu e o Jean utilizamos na organização do nosso casamento e que você pode utilizar. Meus mandamentos para as mulheres que sabem enriquecer são:

1. Adeque o seu sonho à sua realidade. Não faça empréstimos para pagar a festa casamento (isto também se aplica à lua de mel). Se você não tem condições, não traga a dívida para o seu casamento por conta de uma noite de alegria. Existem outras maneiras de ser feliz;

2. Jamais contrate a empresa que apresentar o menor orçamento, caso o valor seja significativamente mais baixo do que o dos concorrentes. Você pode vir a assinar um contrato que lhe trará enormes dores de cabeça;

3. Seja inteligente ao fazer a lista de casamento (ou da festa de aniversário dos seus filhos). Você não precisa convidar aquela pessoa com quem perdeu contato há anos. Só quem já organizou um casamento sabe que fazer a lista é a pior tarefa existente, que alguém sempre irá ficar chateado

4. e que é impossível convidar todo mundo;

5. Saiba que a decoração do evento poderá ficar mais cara do que o buffet;

6. Não economize com comida e bebida. De nada adianta o seu vestido ser lindo e a decoração estar primorosa se a comida for ruim e a bebida causar dor de cabeça nos convidados no dia seguinte.

Estando definidas a festa e a cerimônia religiosa, voltamos nossa atenção para a lua de mel e para a decoração do apartamento. Para a viagem, escolhemos Paris e formatamos uma viagem de dez dias lançando as despesas estimadas em uma planilha, prática que utilizamos em todas as nossas viagens.

O que eu faço para nunca extrapolar os custos é estabelecer um orçamento e manter-me firme a ele. Sempre mesclamos restaurantes mais caros com refeições casuais. Eu nunca fui simpatizante do ditado "hotel é só para dormir mesmo", de modo que busco um mínimo de conforto e localizações premium. Também não abro mão de ter um motorista nos aguardando no aeroporto – uma comodidade que custa barato, acredite. Por fim, abro espaço no orçamento para algumas compras.

No decorrer dos anos, com o incremento da renda familiar, nosso padrão de viagens se tornou um pouco mais sofisticado, mas uma coisa não mudou: eu continuo sendo a moça que, todas as noites ao chegar ao hotel, lança os gastos na planilha, conta o dinheiro e verifica se estamos dentro do planejado. Sempre deu certo e ainda sobra dinheiro para trazer de volta. Em nossa última viagem, criei envelopes de dinheiro, nos quais separarei os valores por cidade e até mesmo para alguns pagamentos específicos, e esta técnica funcionou de maneira exemplar para o controle de despesas.

Um detalhe importante para economizar ao viajar é monitorar, tanto a cotação da moeda estrangeira quanto os preços das passagens aéreas, e aguardar o *"perfect timing"*, aquele momento ideal para efetuar a compra. Para as passagens, sugiro que você faça diversas simulações (meses antes da viagem) e descubra qual é a tarifa mais barata para o trecho desejado. Comece então a monitorar e compre quando a companhia oferecer o trecho pelo valor que você estipulou como alvo.

Por fim, gostaria de compartilhar uma dica referente a alimentação, que é um item que pode onerar bastante o orçamento. Eu tenho como regra nunca entrar um restaurante sem saber o preço. Na Europa, a maioria dos locais tem um cardápio com valores na porta, mas eu procuro fazer o meu dever de casa ainda no Brasil, pesquisando em sites os menus e montando o itinerário e orçamento com base nos resultados obtidos. O Google disponibiliza uma plataforma útil com informações, mapas, *reviews* e fotos de restaurantes no mundo todo. Eu prefiro esse serviço ao TripAdvisor, porque, com o Google, eu posso digitar pesquisas específicas tipo: *Pizza restaurants near Piazza Navona,* e o buscador me dará uma lista de restaurantes. Costumo inserir frases do tipo: restaurantes baratos em Roma, restaurantes românticos em Londres, e navego pelo mapa até achar locais bem recomendados e próximos de onde estaremos hospedados.

Agora que já falei o suficiente sobre como economizamos nas viagens, voltemos ao próximo quesito: a decoração do nosso primeiro lar. Na época em que estávamos namorando, eu trabalhava no mercado imobiliário e é usual que as incorporadoras realizem leilões dos móveis e artigos de decoração dos apartamentos decorados, após o encerramento do stand de vendas. Esses leilões acontecem no Brasil todo, e participar de um deles é uma recomendação que eu dou para você economizar. Os projetos de apartamentos decorados são feitos pelos melhores arquitetos e designers de interiores de cada região e os móveis e eletros são de alta qualidade. Você terá a oportunidade de comprar itens nunca usados a um valor ínfimo do que seria vendido na loja. Uma das empresas mais conhecidas de leilões é a Sold, e qualquer pessoa pode fazer o cadastro no site e participar dos leilões.

Eu era a arquiteta responsável pelo desenvolvimento de produtos da filial Belo Horizonte e contratamos uma empresa para conduzir o leilão, a princípio fechado para funcionários e, posteriormente, aberto ao público. Por morar sozinha, eu tinha alguns móveis, mas ainda assim comprei bastante coisa no leilão, inclusive a máquina de lavar que temos em pleno funcionamento há 11 anos (para você ver que os produtos são de qualidade).

Por fim, meu conselho e que você nunca compre nada por impulso e que pesquise todos os preços previamente (isto vale não somente para viagens ou móveis, vale para tudo). São fórmulas simples que utilizamos, e que foram efetivas para concretizar aquilo que eu desejei, mais de uma década atrás: Nós não entramos no nosso casamento com dívidas e não as fizemos no curso da nossa caminhada como casal.

12 – ARMADILHAS QUE VOCÊ DEVE EVITAR

Recordando a nossa tríade da prosperidade, quero enfatizar que ganhar dinheiro é excelente e ter fontes de renda com ganhos escaláveis é melhor ainda. Mas, de nada adianta conquistar um alto faturamento se você viver acima do padrão que os seus rendimentos permitem e, pior, se endividar. Tenha em mente que o segredo da prosperidade e da independência financeira se apoia em três pilares: ganhar, economizar e investir.

Sei que, para muitas famílias, o ato de poupar é um desafio de grande magnitude. Me lembro de quando eu ganhava muito pouco e lia artigos nos quais economistas orientavam que o ideal era economizar cerca de 30% do salário mensal. Ora, na época, eu não conseguia guardar nem 5 porcento. No Brasil, os salários não são altos, principalmente para os profissionais em início de carreira. Então, minha sugestão é que você não se prenda a percentuais e procure poupar o que for possível. Com o tempo, o bichinho da economia irá picar você, despertando-a para novas maneiras de economizar.

Agora, quero abordar um problema sistêmico da nossa geração e o porquê de as pessoas não conseguirem economizar sequer um real: **a ostentação e a necessidade de mostrar para a sociedade que se é bem-sucedido.** Vivemos dentro de uma coletividade materialista que acredita que próspero é aquele que dirige um carro bacana, e ter a posse de um automóvel de luxo simboliza o status-mor da prosperidade financeira. Não importa se o proprietário esteja endividado até o último fio de cabelo com as prestações do financiamento; os amigos e a família rotularão o detentor de uma bela máquina automotiva com frases tipo "O fulano está bem, olha o carrão dele."

Eu tenho um bom exemplo sobre ter carro versus ter dinheiro. Certo dia, fui visitar um amigo e estacionei na porta de sua residência o meu "possante" da marca Fiat. Esse amigo já havia manifestado que eu deveria comprar um automóvel novo; não porque o meu estivesse ruim – diga-se de passagem, estava em ótimas condições, com 25 mil km rodados. Mas o meu amigo sabia que, apesar de conservado, o meu carrinho era bem usado, e achava que eu merecia algo melhor, mais novo e mais ostensivo.

Durante minha visita, chegou uma mulher elegante que, segundo o meu amigo, era uma pessoa muito bem de vida, rica. O motivo da visita da "riquinha" foi pagar os juros de R$5.000,00 que ela pegou emprestado com o meu amigo, um ano antes. Entenda, ela não foi pagar o empréstimo, ela foi pagar somente os juros. Na hora de ir embora, descemos juntos os três. Eu entrei no meu carro velho e ela entrou em um carro de marca alemã, avaliado em R$160 mil. A diferença principal entre nós duas não eram os carros. A diferença entre nós duas era que ela devia R$5 mil há um ano e eu tinha recursos suficientes para emprestar a ela.

São discrepâncias como essas que observamos em nossa sociedade, que mensura a prosperidade sob critérios arcaicos como a posse de um veículo, sendo que um automóvel não é sequer considerado um investimento, tratando-se meramente de um passivo. Em se tratando de bens, passivo é tudo aquilo que gera custos e ativo é tudo aquilo que gera renda. Um carro é um passivo, porque demanda uma série de despesas mensais e anuais e a única exceção é quando o veículo é utilizado para gerar rendimentos, como por exemplo um taxi ou um veículo de entregas.

Quando nos aprofundamos no estudo da vida dos bilionários, percebemos que muitos deles não dão valor a carros. Warren Buffet, símbolo dos investidores bem-sucedidos e uma das cinco pessoas mais ricas do mundo, sempre andou em carros velhos e, em um documentário, sua filha relatou que ele troca de modelo somente quando ela o obriga e, ainda assim, nunca comprou um carro zero quilômetro. Ainda mais peculiares são as opções de Mark Zuckerberg, o poderoso dono do Facebook. Um levantamento a respeito de seus veículos revelou que o executivo mantinha em sua garagem um Honda FIT, um Golf GTI e um Acura TSX, que ele preferia por não ser ostensivo. Também possuem veículos modestos a única herdeira do Walmart, Alice Walton, que dirige uma picape Ford F-150, e o fundador do Google, Larry Page, que possui um Toyota Prius.

Agora que você compreendeu o meu ponto de vista, chegou a hora da minha confissão, de entregar minha mão à palmatória e contar que eu também já fui pecadora. Logo eu, a econômica, a pão dura, me sujeitei aos caprichos vis de possuir um carro zero e, mil vezes pecado, financiado a longo prazo. Pausa para suspiro e segue a minha confissão.

Eis-me então, jovem arquiteta em ascensão, bem empregada e dona do meu nariz. Eu tinha um carro ótimo, classudo e que eu adorava, mas o cargo novo me fez pensar que eu deveria ter um carro mais novo (isso lembra a corrida dos ratos?), por isso, fui a uma concessionária e comprei um modelo zero, recém lançado e premiado como carro do ano. Vendi o meu carro adorado para o meu pai e, como não possuía os recursos para pagar pelo novo, cometi o sacrilégio de aceitar um financiamento em 60 meses, ou seja, cinco longos anos. Esta fraqueza não era privilégio único da minha pessoa e sim uma possível contaminação da minha geração, visto que o meu chefe e o chefe dele também compraram carros zero financiados ao assumirem os seus cargos nesta mesma empresa.

Rapidamente, percebi que o carro da moda que eu havia comprado tinha vários itens inferiores ao meu veículo anterior e me arrependi, mas o mal já estava feito. Mais chateada ainda fiquei ao ver que a pessoa que era meu par no trabalho em São Paulo, possuía o mesmo modelo que eu havia desprezado e vendido ao meu pai. Observe que eu cometi três erros: me desfiz de um modelo de alto padrão operacional e de design que eu apreciava; comprei um veículo zero km, que comprovadamente se desvaloriza em até 20% ao sair da concessionária; fiz um financiamento em 60 meses, cujos juros provavelmente me permitiriam comprar dois carros ao final do prazo.

Eu precisei aprender com o erro, mas você não precisa vivenciar a mesma experiência para entender que carro não é investimento e sim, perda de dinheiro. O simbolismo de status de ter um veículo caro está defasado e não corresponde à atual mentalidade de quem busca a prosperidade. Você poderá ter um carro de luxo sim, quando tiver conquistado a sua independência financeira e quando o seu dinheiro trabalhar sozinho para custear tal luxo. Enquanto estiver subindo os degraus da escada, você precisa ter sagacidade para utilizar seus recursos em prol de multiplicação e nunca empatar um alto valor em um bem de consumo que se desvaloriza mês a mês.

Eu utilizei o exemplo de carros para ilustrar o comportamento de ostentação, mas este não é o único vilão. Com o advento das redes sociais e das vidas felizes fabricadas no Instagram e no Facebook, as pessoas se veem compelidas a possuírem um celular melhor, a exibirem bolsas de grife e a colecionarem viagens internacionais. Quantos perfis você já viu cujo proprietário coloca em sua Bio o número de países visitados, como se aquele número o definisse como pessoa? Ingenuamente, as pessoas se colocaram em uma condição de exibicionistas sociais, em uma competição insana e pior, colocaram o hoje, e tão somente o hoje, como prioridade em suas vidas, tais como a cigarra da fábula de Esopo.

Caso você queira realmente trilhar o caminho do enriquecimento, você deverá processar uma mudança de mentalidade e se desvencilhar de pensamentos e comportamentos ostensivos. No final do dia, quem paga os seus boletos é você e não aquela pessoa que curtiu sua foto sem realmente se importar com você. Desenvolva o mindset dos milionários e faça pequenas concessões hoje para obter ganhos expressivos amanhã. Cada mísero real que você economizar hoje, vai se mostrar não tão mísero amanhã e lhe dará potenciais cifras em retorno. Nos próximos capítulos, vamos nos dedicar a potencializar o seu mindset e vamos começar conhecendo qual é o segredo daqueles que conseguem guardar bastante dinheiro.

13 – O SEGREDO PARA GUARDAR DINHEIRO

A fim de nos aprofundarmos na estratégia eficaz para poupar com consistência, sugiro que voltemos ao exemplo da Maria, que vivia na corrida dos ratos. No cenário fictício que eu elaborei para ilustrar um comportamento de gastos acima da proventos recebidos, Maria iniciou sua vida profissional com um salário de R$2.000,00, posteriormente passou a ganhar R$4.500,00 e com a evolução de carreira, teve o seu rendimento aumentado para R$8.600,00.

No exemplo, nossa personagem permaneceu solteira, mas os seus gastos mensais continuaram subindo e nunca ficaram dentro do patamar compatível ao salário recebido. Especialistas recomendam que o ideal é que um indivíduo siga um planejamento de modo a viver com 15% a menos do valor que ganha mensalmente. Sendo assim, se o salário líquido (deduzidos todos os descontos previstos em lei) de uma pessoa for de R$4 mil mensais, o alvo a ser perseguido estará no patamar máximo de despesas globais de R$3.400,00. Consultores financeiros estimam o montante de 85% garante uma provisão suficiente para que uma pessoa consiga viver sem privação de suas necessidades básicas.

Seguindo esse raciocínio, é preciso que o indivíduo siga a regra de viver um nível abaixo do padrão que os seus ganhos poderiam propiciar, e isto nada mais é do que ser financeiramente responsável. Para a regra funcionar de fato, faz-se necessária a opção por um estilo de vida mais espartano, em uma moradia ou bairro mais barato, com um carro mais simples e com menos despesas com lazer e com viagens. Possivelmente você já teve contato com teses relativas a viver um ou dois degraus abaixo da renda ou com a tendência do minimalismo, que vem ganhando força entre os jovens investidores.

Vamos voltar ao início da minha vida de casada com o Jean e analisar como nós dois poderíamos ter feito melhor, bem melhor, se tivéssemos seguido a regra de viver um nível abaixo. Analise comigo: eu morava em um apartamento de dois quartos, cujo aluguel era bem barato e comprometia um montante que correspondia, no máximo, a 15% da minha renda. Além disso, o condomínio e IPTU eram de valores de pouco significado no meu orçamento. O recomendado para gastos com moradia deve ser sempre de até 30% da renda familiar. Se eu e o Jean tivéssemos optado por viver naquele apartamento que, apesar de simples, era bem localizado, os custos de moradia seriam irrelevantes em comparação com a renda do casal e poderíamos poupar mais. No entanto, escolhemos morar em um apartamento de três dormitórios em um bairro nobre e que custava o triplo do valor do aluguel da minha morada de solteira. Isso é um erro e nós fomos na contramão dos mandamentos que eu defendo atualmente.

No nosso caso, tínhamos juntos uma boa remuneração que nos permitia ter uma sobra mensal e investir, mesmo com um padrão elevado de despesas. Ainda assim, não seguíamos o raciocínio focado na inteligência financeira, no qual, no início da vida economicamente ativa, o indivíduo deve fazer escolhas que impactem menos em sua renda.

Viver em um imóvel menor implica em um custo global de moradia menor, desde a conta de energia até as despesas com móveis e decoração. Ao se tomar a decisão de morar em um bairro de médio padrão, todo o custo de vida decresce, pois o combustível será mais barato, o mercado local será significativamente mais barato, assim como a mensalidade da escola, entre outros. Na minha opinião, o ideal é buscar um bairro que apresente as características que acabei de citar e ainda seja próximo da região central da cidade ou de onde você e os familiares que vivem com você trabalham, de modo que os seus custos de deslocamento também sejam baixos.

Tudo isso eu e o Jean aplicamos quando compramos a nossa casa própria, e posso atestar que a fórmula funcionou para nós, assim como funcionará para você. Logo que a sua vida financeira tenha sido diagnosticada, ajustada, e o seu orçamento anual esteja pronto e controlado, você estará pronta para investir. Agora que espero que você tenha absorvido os benefícios de se ter uma mentalidade minimalista, é chegada a hora de compartilhar como eu o Jean revolucionamos a nossa maneira de lidar com o dinheiro e com o padrão de vida que ele poderia nos dar e, a seguir, vou mostrar como penso que deve ser montado um orçamento mensal.

Como eu e o meu marido poupamos no dia a dia

A nossa rotina de economia não tem nada de diferente do que a que alguns educadores financeiros criteriosos publicam em suas mídias, e os passos que nós adotamos são tão simples, que você poderá os colocar em prática de imediato. São três etapas, as quais denominarei de diagnóstico, adequação e controle.

Assim como o médico precisa tomar ciência dos sintomas e analisar os resultados quantitativos dos exames para fechar um diagnóstico ou solicitar testes complementares, você necessita de um estudo detalhado das suas finanças e do seu comportamento de gastos para estabelecer o raio x do seu orçamento doméstico. A ferramenta ideal, na minha opinião, é a velha planilha Excel, e pude contar com o meu marido para colaborar comigo na elaboração de um modelo bastante eficaz, descomplicado e ao mesmo tempo analítico o suficiente, correlacionando despesas mensais versus receitas. A boa notícia é que eu irei disponibilizar essa planilha para você. Adianto que mesmo quem não entende Excel conseguirá se dar bem com a planilha de orçamento familiar, mas, caso você encontre dificuldades em um primeiro momento, o bom papel e caneta serão tão convenientes para o seu diagnóstico quanto a tabela de orçamento informatizada.

O que realmente é imprescindível é colocar em comparativo, as despesas e receitas dos últimos três meses, pelo menos. Nós planilhamos os nossos gastos por dois anos, até que decidimos que detínhamos controle das nossas despesas, bem como uma rotina orçamentária estabelecida, de modo que atualmente, não utilizamos mais a planilha. O ideal é que você alcance esse patamar de organização.

Para o primeiro momento, insira cada gasto do seu dia a dia, juntamente com as contas fixas do mês. Não se preocupe em cortar nada nesta fase; a sua atribuição é diagnosticar a doença. Alimente a sua planilha com todos os seus rendimentos líquidos, isto é, já descontados de impostos, INSS e outros, caso você seja empregada em regime celetista ou estatutário. Se você é autônoma, adicione os impostos, previdência social e outros gastos na sua parte de despesas. Não se esqueça dos micros gastos que são verdadeiros ladrões de carteira, tais como a cervejinha da sexta-feira, a escova no salão e o presentinho comprado para um convite de aniversário de última hora.

Quando eu e o Jean fizemos o nosso diagnóstico, percebemos que o nosso rico dinheirinho se esvaia em uma dezena de gastos supérfluos, aos quais dávamos uma importância desnecessária e sem os quais viveríamos muito bem. Eu possuía três celulares, um corporativo, um para uso pessoal e outro exclusivamente para falar com a minha família que reside em outra cidade. Além de ser ridículo andar com três aparelhos e inconveniente ter de carregá-los com regularidade, era dispendioso. O meu chefe, por sua vez, usava somente o corporativo, que era bancado pela empresa. Outros serviços que constatamos que pagávamos e não usávamos eram a TV a cabo e o telefone fixo. E o que você me diz de ter faxineira e passadeira, quando o mais sensato seria pagarmos uma única pessoa para prestar os dois serviços?

Quanto mais nos aprofundávamos nas cifras dispendidas em itens que poderiam ser remanejados, mais descobríamos novas maneiras de reestruturar as contas. Nós seguíamos na mesma rota para o trabalho com uma diferença de tempo de uma hora um do outro. Isto exigia dois carros gastando combustível e para mim era exigido o pagamento de um estacionamento na região mais cara da cidade. Morávamos em um edifício que, por ter poucas unidades residenciais, demandava um alto custo condominial sem oferecer nenhum benefício de lazer. Tínhamos cartões de crédito demais, contas em vários bancos e abastecíamos os nossos carros em um dos postos mais caros da cidade, simplesmente pela comodidade de ser próximo à nossa casa.

No que tange à alimentação, que é uma das despesas de maior peso após o custo da moradia, fazíamos compras no supermercado premium da cidade e frequentávamos uma padaria absurdamente cara. Percebemos que alguns gastos de lazer, como cinema, também se tornavam significativos quando somávamos os valores adicionais de estacionamento e lanchinhos. E, para falar a verdade, os últimos filmes que assistimos não valeram tanto o preço dispendido no ingresso. Às vezes íamos a algum show internacional, e comprávamos alguns dos ingressos mais caros (disso eu não me arrependo).

Não tínhamos muito gastos com roupas, eu sempre tive o costume de comprá-las uma vez, duas, no máximo, ao ano. O problema que eu identifiquei é que eu costumava comprar as minhas peças de roupas em um shopping de alto padrão e em boutiques que tinham preço alto. Outra despesa significativa era o pagamento de uma professora particular de francês que ia à nossa casa dar aulas para o casal. Apesar de entender que os custos com educação são investimentos, estou citando as aulas para ilustrar que tínhamos um padrão de gastos elevado.

Ainda assim, conseguíamos fazer o milagre de economizar todos os meses. Atribuo esse "milagre" a dois "santos": trabalhávamos para produzir renda extra e não tínhamos filhos. Não sei se você é mãe, mas que tem filhos sabe que o orçamento e as prioridades mudam com a chegada dos herdeiros.

Feito o diagnóstico, prosseguimos para a segunda fase, a da adequação, na qual de fato cortamos despesas ou substituímos serviços e práticas por outros mais baratos. Os três celulares se tornaram um e refizemos o plano de telefonia celular para um com menos minutos e substancialmente mais em conta. Solicitamos o cancelamento da TV a cabo e a substituímos pela Netflix, a um custo 9 vezes menor. Geramos mais economia ao cancelarmos a linha do telefone fixo e dispensarmos a passadeira de roupas. Verifiquei que poucas peças de roupa necessitavam realmente de serem passadas a ferro, então combinamos um pequeno aumento na remuneração da faxineira e ela assumiu essa atribuição.

Um ajuste ainda mais benéfico foi o que fizemos em relação aos nossos horários de trabalho. Como disse, fazíamos o mesmo trajeto e o Jean passava em frente ao edifício onde eu trabalhava para seguir para o seu emprego. A diferença é que o horário de início dele era às 8 da manhã e o meu às 9 horas. Conversei com o meu chefe e adiantei o meu horário de entrada e de saída. Após esta alteração, eliminamos o custo mensal de combustível de um dos automóveis e o pagamento do estacionamento, visto que o Jean possuía estacionamento fornecido pela empresa. Em um segundo momento, decidimos vender um dos carros, o que impactou positivamente no nosso orçamento anual, através da eliminação dos custos de seguro e de licenciamento do veículo.

Em relação ao supermercado e padaria, mudamos completamente nossa rotina de compras, migrando para um supermercado online e fazendo uma compra única mensal. Com o formato de compras pela internet, ficou mais fácil administrar a lista, o teto de gastos e ainda evitávamos as tentações das prateleiras de produtos nem sempre saudáveis e que oneravam o valor final. Mantive compras em padaria e hortifruti para itens de reposição.

Fizemos uma série de outras modificações tais como encerrar contas bancárias e cartões de crédito, rever onde eu comprava roupas e pequenas despesas desnecessárias. Sempre que possível, tento fazer as coisas eu mesma, de modo que eu faço as minhas unhas, corto o meu cabelo e retoco a tintura das raízes. Considerando que, na minha última visita ao salão foi-me cobrado um valor de R$515,00 para cortar e fazer luzes, e que atualmente a minha necessidade de coloração aumentou devido aos cabelos brancos que a maturidade me trouxe, pode-se concluir que eu realizei uma relevante economia ao pintar meu cabelo em casa.

Apesar de termos alguma despesa ocasional com restaurantes e outros itens de lazer, no geral, somos muito caseiros e procuramos cozinhar bastante em casa. Como gostamos de vinho acompanhado por petiscos, é padrão cozinharmos algo todas as sextas e sábados à noite e passarmos tempo de qualidade juntos. É um momento do casal, saudável para o relacionamento e que representa uma economia expressiva, ao compararmos com um *happy hour* em um bar ou com um jantar em restaurante.

Ao apresentar estes conceitos, eu não quero que você pense que deverá cortar todo o seu lazer ou que precisará dar adeus ao sonho da viagem internacional. Também não pense que estou propondo que você deixe de comprar tudo o que gosta de comer e, principalmente, que não se alimente com a qualidade de nutrição que o seu corpo precisa. Ninguém aqui tem vocação para faquir, tampouco é Nonô Correia. O procedimento que eu sugiro que você use para ajustar o seu orçamento, depois de concluídos os devidos cortes, é distribuir a sua renda familiar de acordo com a regra do 50-30-20. Na planilha de orçamento, você pode criar três colunas e inserir as suas despesas, débitos em atraso e investimentos de acordo com os grupos descritos a seguir.

Esta regra, popularizada pela senadora e escritora americana Elizabeth Warren, estabelece que o rendimento pessoal ou familiar seja dividido em três grandes fatias. A primeira fatia corresponderá a 50% dos ganhos líquidos e a segunda e terceira fatias concentrarão sucessivamente 30% e 20% das entradas de recursos financeiros, sempre observando que o valor dos rendimentos lançados seja o líquido, ou seja, deduzidos de todos os encargos. Tais montantes serão destinadas, de acordo com o seu respectivo percentual, para os seguintes grupos de despesas e investimentos:

- **50% - Gastos Fixos (Necessidades):** Moradia, Alimentação, Água, Luz, Transporte, Internet, Plano de Saúde, Seguros, etc.
- **30% - Gastos Variáveis (Desejos):** Viagens, Restaurantes, Netflix, Roupas, Celular novo, etc.
- **20% - Investimentos (Prioridades):** Reserva de emergência, carteira de ações, previdência privada, poupar para prioridades de médio e longo prazo. Também utilizado para o pagamento de dívidas.

Eu irei disponibilizar para você no meu site uma planilha de orçamento familiar na qual você irá fazer o seu diagnóstico pelo método 50-30-20 e passará a controlar os seus gastos mensais de acordo com uma meta que você irá estabelecer. Alguns capítulos adiante eu irei fornecer as informações necessárias para você entrar em contato comigo e solicitar a planilha e outros dois bônus que irei lhe dar de presente. A planilha terá todas as explicações, mas gostaria detalhar os principais pontos aqui.

Você irá diagnosticar e posteriormente ajustar suas despesas separando seus gastos da seguinte forma:

Passo 1 – RECEITAS – Neste campo, você irá inserir todas as suas fontes de renda: salário (pessoal ou familiar), pró-labore, renda extra 1, 2, 3 (a ideia é que você tenha uma multiplicidade de rendimentos extras no futuro, certo?) e outros rendimentos.

Passo 2 – DESPESAS – Neste campo, você irá inserir os seus compromissos mensais de pagamento de acordo com o método 50-30-20. Dentro de cada faixa percentual, eu separei os grandes grupos de gastos e cada um deles possui outras despesas detalhadas conforme exemplificado a seguir:

Cada grupo tem mais despesas do que vou citar aqui como exemplo.

50% - Gastos Fixos (Necessidades)
- Habitação – Aluguel ou prestação, luz, manutenção da casa, diarista, internet;
- Educação – Escola, graduação, cursos;
- Alimentação – Supermercado, padaria, hortifruti, lanches;
- Saúde – Plano de saúde, academia, terapias, famácia;
- Transportes – Financiamento carro, transporte público, manutenção de veículo, pedágio, multas.

30% - Gastos Variáveis (Desejos)
- Despesas Pessoais – Roupas e sapatos, cosméticos, aparelho de telefone celular;
- Outras Despesas – Pet shop, dízimo e doações, anuidades cartões;
- Lazer – Restaurante, Netflix, viagens, livros e revistas.

20% - Investimentos (Prioridades)
- Prioridades - Pagamento de dívidas, pensão Judicial, imposto de renda, previdência privada.

Na planilha, o campo prioridades será somado ao valor que você puder destinar para investimentos.

Conforme mencionei anteriormente, o primeiro passo é o diagnóstico, que talvez mostre um desajuste nos grupos 50-30-20 e a intenção é exatamente descobrir o que precisa ser modificado. Você conseguirá visualizar a situação atual das suas finanças em um gráfico de pizza que o meu querido marido criou para a planilha.

Feito isso, você irá estabelecer a sua meta no orçamento, através da fase adequação. Expliquei anteriormente que a adequação consiste em, se necessário for, cortar despesas ou substituir serviços e práticas por outros mais baratos. O seu gráfico de pizza irá mostrar se você conseguiu ajustar o orçamento no modelo desejado e que faça sentido para a sua vida.

Finalizada a adequação, é seguir a vida e colocar em prática tudo o que você programou, realizando o controle periódico, para ver se está dentro da meta e se está conseguindo poupar, pagar dívidas e investir.

Perceba que, ao aplicar a regra 50-30-20, estarão contempladas não somente as suas necessidades como também os seus desejos, aqueles pequenos luxos que todos nós temos, e uma parte menor, mas ainda assim, expressiva, será reservada para os seus investimentos. Caso você conclua que os seus proventos atuais não se encaixam neste modelo, que as contas simplesmente extrapolam o patamar de 100% mesmo que você faça o máximo de cortes, é o sinal de que o seu problema é de renda insuficiente e você deverá repensar tudo o que foi tratado na parte I deste livro.

Apesar da regra ter a sua eficácia comprovada, para alguns grupos de pessoas ela pode não se adequar perfeitamente como, por exemplo, para pessoas que possuem rendimentos altos. Indivíduos com renda mensal alta ou até mesmo pessoas que não possuem financiamento imobiliário possivelmente não verão necessidade de empregar um 50% de seus proventos em despesas essenciais, visto que tal fatia será exageradamente elevada, em comparação com as despesas listadas neste grupo.

Do mesmo modo, pessoas com renda baixa, tais como recém-formados, podem se ver obrigados a utilizar uma fatia acima de 50% para as suas contas de itens necessários, principalmente se possuem dívidas com financiamento universitário. Para ambos os grupos, as fatias percentuais devem ser ajustadas de acordo com o perfil individual.

Utilizando este plano orçamentário, você conseguirá alcançar as suas metas financeiras a um prazo muito menor do que espera. Na nossa rotina familiar, todos estes ajustes foram fáceis de serem implementados e não impactaram negativamente na nossa qualidade de vida. No meu entendimento, algumas pessoas têm dificuldades em ajustar o orçamento por terem se condicionado a viver em um modelo consumista, no qual os gastos são motivados por emoção e não por necessidade. Quando você executar o exercício de diagnóstico e o posterior ajuste, compreenderá que não precisa de tanta coisa para viver e que existem substitutos que podem prover os mesmos benefícios.

Reforço que, concluída a etapa de ajustamento de despesas, de mentalidade e de padrão de gastos, você deverá se focar no período de controle, que tende a ser natural e descomplicado. Em tese, basta seguir o novo orçamento, apesar de sabermos que eventualidades ou tentações podem surgir e que precisamos nos policiar e nos reprogramar constantemente. Na nossa casa, quando o Jean começa a falar que precisamos zerar um cartão ou que eu tenho de guardar o cartão e pagar tudo no boleto ou à vista, é hora de revermos as faturas recentes, pois certamente andamos gastando demais. Isso acontece sempre nos finais de ano e eu acabei de rever o meu orçamento para 2020. Mas reitero que organizar as suas finanças não será uma tarefa árdua, desde que você siga as três etapas e entenda o preceito de descer um degrau no seu padrão de vida. Um único degrau, que se você escolher descer hoje, poderá levá-la de elevador para a prosperidade do amanhã.

14 – ORÇAMENTOS NÃO SE SUSTENTAM COM DÍVIDAS

Eu não sei se você tem dívidas, mas caso tenha, este é um momento importante na nossa jornada, pois vamos tratar sobre a eliminação desses compromissos antes de investir. Muitos escolhem a estratégia de deixar os débitos pendentes em segundo plano e começar a investir, no intuito de aumentar o seu capital para quitar as parcelas em atraso à vista e com descontos. Na maioria das vezes, este não é o plano mais eficaz, visto que a grande maioria dos parcelamentos tem uma taxa de juros muito mais alta do que os investimentos. Na cartilha financeira da investidora inteligente, os débitos em atraso são sempre pagos antes de se começar a investir, e a prioridade será sempre da dívida mais cara para a mais barata.

O primeiro passo é entender se o seu problema é de endividamento ou de fluxo de caixa. No segundo caso, os seus rendimentos são suficientes para pagar as suas despesas mensais, mas o seu fluxo de caixa, ou seja, as suas entradas e saídas de dinheiro estão descoordenadas e o orçamento não consegue fechar no azul. Você pode checar isso ao elaborar uma planilha de duas colunas (no papel também vale, ok?) e lançar suas despesas e receitas, com datas de cada evento – datas em que o dinheiro entra e sai.

Visualizando as duas colunas, você poderá facilmente entender quais datas de pagamento você precisa alterar (cartão de crédito, luz, internet, celular, entre outros), definir se precisa cortar gastos no cartão de crédito por um mês para desafogar o que está em atraso, e estipular como irá administrar os seus proventos de modo que, a cada final de mês, você tenha uma sobra de dinheiro reservada para quitar todas as contas que vencem antes da data em que você recebe e que cujas datas não podem ser alteradas.

Caso o seu problema seja inadimplência e você esteja perdendo o controle, fique calma, vamos trilhar esse caminho agora e refletir em como torná-lo menos árduo. Vamos começar com uma história que eu vivi com uma grande amiga, muitos anos atrás. Ela tinha um ótimo emprego e trabalhava há quase duas décadas na mesma empresa. Eu não sei como está o mercado atual para quem tem mais de 40 anos, mas, na época em que a minha amiga perdeu o emprego, havia muito preconceito em relação a pessoas nesta faixa de idade e elas não conseguiam uma recolocação com facilidade.

A minha amiga havia trabalhado a vida toda no mesmo emprego, estava acostumada a um padrão de vida elevado e não se preocupou em fazer cortes radicais no seu orçamento ao perder o seu sustento. Com o passar dos meses, começaram a surgir as dívidas: carnês atrasados, contas de consumo não pagas se empilhando, e ela chegou a um ponto de descontrole – não por má fé, mas por estar sem rumo – que simplesmente passou a acumular todos aqueles carnês e boletos em uma gaveta.

Certo dia, ela me mostrou a gaveta e, ao me deparar com aquela quantidade significativa de boletos, eu me sentei e comecei a anotar cada conta em atraso em uma folha de papel. Depois de somar tudo, me virei para ela e disse: Você precisa vender o seu carro imediatamente para quitar estas contas. Ela tinha casa própria quitada e todos aqueles débitos eram de contas do dia a dia, como a escola dos filhos, cartão de crédito, plano de saúde, e o valor somado tinha chegado a um montante tão grande, que equivalia ao valor de um carro econômico. Muitas vezes, as pessoas ficam tão desorientadas com a falta de dinheiro e com as contas que chegam todos os dias, que ficam paralisadas, alheias à melhor solução para o momento crítico. É importante se abrir e permitir que alguém de fora analise a situação e traga ideias frescas.

O fato de eu ter tomado a iniciativa de somar as contas foi uma providência, dado que ela não tinha noção de que estava devendo tanto e que havia uma solução rápida no horizonte. Ela vendeu o carro, pagou tudo e conseguiu um emprego que pagava menos, mas que gerava uma renda. Cortou supérfluos e baixou o padrão de vida. Com o tempo, ela descobriu uma nova profissão que lhe trouxe mais rentabilidade do que o seu emprego antigo, sua vida se estabilizou e ela nunca mais teve dívidas.

Caso você tenha se identificado em todo ou em parte com a história da minha amiga, saiba que você não está sozinha e que a sua condição de inadimplente é compartilhada com uma expressiva parcela da população brasileira. Em dezembro de 2019, o número de famílias endividadas alcançou o mais alto patamar histórico, de acordo com a pesquisa nacional PEIC, que mensura o Endividamento e Inadimplência do Consumidor. O estudo, conduzido pela CNC – Confederação Nacional do Comércio de Bens, Serviços e Turismo – e divulgado em dezembro de 2019, revelou que 65,6% dos brasileiros possui algum tipo de compra parcelada e isto inclui desde carnês até o financiamento da casa própria.

Números mais detalhados da pesquisa apontaram que 24,5% das pessoas que possuem algum tipo de parcelamento, possuem débitos em atraso e sabe o que é pior? Dentre os endividados, 10% não terão condições de pagar os seus compromissos. E se você pensa que são somente as pessoas pobres ou de classe média que se encontram em situação de inadimplência, irá se surpreender ao saber que o levantamento mostrou que 9,7% do grupo de cidadãos com renda familiar acima de 10 salários mínimos (SM) se considera muito endividado e na faixa de renda abaixo de 10 SM, esse percentual sobe para 15,5%.

Você já deve estar imaginando como uma parcela tão significativa da população brasileira, 24,5% do total de habitantes, gera dívidas e qual é o vilão da inadimplência. Se o seu palpite foi o cartão de crédito, bingo. O cartão é o vencedor da categoria, responsável por quase 80% das dívidas reportadas. Na sequência figuram os carnês, o financiamento do carro e da casa, o crédito pessoal, depois o cheque especial, e a lista segue com vários tipos de parcelamentos que, muitas vezes, são feitos sem necessidade, somente para alimentar ciclos viciosos da corrida dos ratos e para mostrar à sociedade um grau de "vida bem sucedida" que é absolutamente irreal frente aos ganhos que a pessoa realmente aufere.

Quando analisamos o grau de comprometimento dos rendimentos das famílias apurados pela pesquisa, percebemos que mais da metade dos endividados empenharam entre 11 e 50% de sua renda familiar em compras parceladas. Reflita comigo: como uma pessoa ou família consegue ter uma vida digna, se 30%, ou pior, 50% do seu salário está preso ao pagamento de parcelas? Certamente, irá faltar para o essencial, para a alimentação saudável, para investir em educação, para cuidados básicos como dentista e outros.

Os números mais alarmantes são relacionados àqueles que comprometeram mais da metade dos ganhos mensais com endividamento, correspondendo a 21,4% das famílias com renda até 10 salários mínimos e 14,2% das famílias com renda superior a 10 salários mínimos.

Tenho certeza de que você não quer figurar nestas estatísticas, muito menos se estabelecer entre os 10% que não terão recursos para honrar os seus compromissos, de modo que, caso você tenha algum tipo de pendência financeira, o meu conselho é: não tenha medo de pedir ajuda para alguém que se importe com você.

Provavelmente, um olhar de alguém fora da caixa poderá lhe oferecer valiosas sugestões e passos de curto prazo, os quais você talvez não esteja vislumbrando por estar desestabilizada emocionalmente, perdida no olho do furacão. Eu também quero colaborar neste processo e, no capítulo seguinte, darei a minha contribuição com algumas diretrizes para a implementação de um plano para eliminar dívidas.

15 – ELABORANDO O SEU PLANO PARA DESENDIVIDAR

Quando era solteira, tive um colega de balada que era alto-astral, altamente motivado e que batalhava para prosperar em pequenos empreendimentos. Seu maior desafio era sua condição de ser um "atolado" em dívidas, por conta das quais, recebia inúmeros telefonemas de cobradores. Por ter pendências com várias instituições financeiras, sua estratégia era deixar as parcelas se acumularem para, em uma renegociação futura, oferecer um valor bem abaixo do montante. Caso o credor não aceitasse sua proposta, ele literalmente o "mandava para tal lugar" e desligava o telefone. Agora eu lhe pergunto: Você acha que esta é a melhor estratégia para eliminar dívidas?

No que tange à melhor tática, tenho certeza de que dez em dez consultores irão afirmar que buscar uma negociação factível para os dois lados – de preferência, o quanto antes – é o caminho. Na cartilha financeira da mulher que sabe enriquecer, a regra número um deve ser quitar contas em atraso antes de começar a investir e, depois disso, comprar um bom lote de remédio contra a inadimplência. Sabe qual é esse medicamento poderoso? É a reserva de emergência, que nada mais é que um "colchão de segurança" utilizado para cobrir despesas ocasionais e imprevistas, tais como perda de renda, doenças, entre outras.

Você pode conjugar o seu orçamento e o pagamento de dívidas ao elaborar o seu plano financeiro usando o **modelo 50-30-20**. A fatia referente aos 20% é destinada às suas prioridades, no caso investimentos, reserva de emergência, aposentadoria e, também, o pagamento de débitos em atraso.

Tal modelo funciona melhor para quem possui débitos menores, sob controle e que, ao serem renegociados, possam se encaixar dentro da fatia de 20% da renda. É uma tática para quem prioriza a liquidação das dívidas em prazo mais dilatado a fim manter o padrão de vida atual, sem ter de diminuir consideravelmente a sua faixa de 30%, correspondente às despesas variáveis.

O autor e palestrante americano Dave Ramsey é um guru financeiro especializado em orientar pessoas endividadas. Sua estratégia, a qual ele denomina de **Dívida da Bola de Neve**, parte de um princípio mais psicológico do que matemático, no qual a pessoa deve listar seu endividamento em ordem crescente, colocando no topo da lista o menor débito e, no final da lista, a maior obrigação financeira, que quase sempre é o cartão de crédito ou o financiamento imobiliário. A quitação deve se iniciar pelos pequenos débitos, para que o devedor vislumbre resultados concretos e se sinta incentivado a manter o seu novo comportamento pagador.

O outro método é a estratégia da **Dívida Avalanche**, que dispõe as pendências ordenadas em uma lista partindo das mais caras para as mais baratas e prioriza o pagamento dos passivos de maior valor monetário e de maior taxa de juros.

Nesse raciocínio, no topo da lista estariam o cartão de crédito, o cheque especial e os empréstimos consignados, seguidos por débitos como os da casa própria e financiamento de veículos, até chegar a pequenos crediários de lojas

Apesar da estratégia da **Bola de Neve** ter um efeito psicológico positivo no endividado, que vê um decréscimo inicial em menor prazo e se sente motivado, é matematicamente comprovado que a estratégia da **Avalanche** é mais eficaz e que os débitos são 100% quitados em um prazo final menor e com menor valor financeiro global, decorrente de menos juros acumulados.

Eu não tenho conhecimento de como funcionam os juros de cartão e empréstimos nos EUA, mas sabemos que aqui no Brasil, nenhuma obrigação a pagar relativa a cartão de crédito ou cheque especial deve ser deixada para o final da lista, por possuírem maiores taxas de juros, e é sabido que, quanto mais alta a taxa, maior será a velocidade de crescimento do valor em aberto. Deste modo, eu escolheria a estratégia da Avalanche, de modo a priorizar as pendências com altos juros e tentaria saldar algumas pequenas contas à vista, conjuntamente com a renegociação das prioridades.

O importante é tomar a atitude imediata de ligar para a operadora de cartão, pedir uma renegociação e esquecer que tem um cartão, mesmo que seja necessário escondê-lo em uma gaveta ou quebrá-lo. É preciso se encher de coragem, ir à sua agência bancária e solicitar ao gerente um refinanciamento de empréstimos. Você pode vir a ficar sem crédito por um tempo ou ter de fazer suas compras do dia a dia no dinheiro, mas vai aprender várias lições de economia doméstica pelo caminho.

O meu pai nunca teve dívidas galopantes no cartão de crédito, mas a minha família viveu um longo período de revés na década de 90, e eu me lembro dele quebrando os seus cartões. Ele nunca mais quis ter um cartão de crédito e adotou o comportamento de compras à vista. Eu acredito que as dificuldades financeiras que a minha família vivenciou, e que eu chamo de 7 anos das vacas magras, foram cruciais para me tornar a pessoa econômica e controlada financeiramente que eu sou hoje.

Pedro, o meu pai, era muito bem empregado como engenheiro e professor universitário e nos propiciou um padrão de vida de classe média alta. Quando ele perdeu o seu emprego, tivemos de reprogramar a nossa mentalidade e o nosso orçamento. Como uma nova oportunidade de emprego satisfatória demorou a surgir, ele teve de trabalhar como professor para turmas de nível médio, cuja remuneração era substancialmente inferior. Por consequência, ele precisou se desfazer de alguns bens no decorrer do período de vacas magras.

Eu tinha dezoito anos quando isso aconteceu e, por sempre ter sido literalmente a filhinha do papai e ter conseguido tudo com muita facilidade, dava pouco valor ao que conquistava ou possuía, de modo que esta fase de privação funcionou como uma escola da vida. Tal como um metal ganha a sua forma através do calor intenso da forja, as dificuldades vividas moldaram o meu caráter, me transformaram em uma lutadora e em alguém que é grata por cada conquista. Graças ao bom Deus, o meu pai conseguiu manter a casa própria, passou em primeiro lugar em um concurso público e em segundo lugar em outro. Posteriormente, ele se aposentou e atualmente, mantém-se economicamente ativo, atuando como perito judicial em várias cidades e inclusive em outros estados, sendo um motivo de grande orgulho para mim.

Por isso, nunca enxergue uma situação de desemprego, inadimplência ou falência como fracasso ou castigo, e sim como uma oportunidade de se reinventar, de se tornar uma pessoa melhor, mais produtiva, mais pé no chão e, por que não dizer, mais próspera do que era antes de enfrentar a adversidade.

Caso você se encontre em uma situação de alto grau de inadimplência, uma boa opção é adotar a solução que eu sugeri para a minha amiga endividada, que é vender um item de sua propriedade para zerar o déficit. Você pode substituir um bem de maior valor como um carro ou um eletrodoméstico de luxo por outro de menor valor e utilizar o saldo para liquidar o seu compromisso em atraso. Não é vergonha vender um bem e comprar outro mais barato ou usado. Garanto-lhe que será de sumo benefício para a sua alma, pois, estar em dívida sufoca, machuca e impede que você siga adiante. É similar a querer andar estando com os pés enterrados no chão; por isso eu conclamo que você se encha coragem para dar os primeiros passos.

Antes de falarmos sobre alguns termos técnicos referentes à negociação de empréstimos e financiamentos, tenho um último exemplo de negociação que eu e o Jean ajudamos a resolver. Uma pessoa amiga e querida havia rolado uma pendência bancária relativa a um empréstimo pessoa física, por ter sido mal orientada por amigos, que disseram que a dívida prescreveria após 5 anos. Na realidade, findo o período de 5 anos a contar da data em que a dívida (ou última parcela) venceu e deveria ter sido paga, o nome aparece limpo nas pesquisas de SPC, Serasa e SCPC pelo fato de ter vencido o prazo para a cobrança judicial da dívida, protesto em cartório, bem como da inserção do nome do devedor nos cadastros de restrição ao crédito. Isso ocorre por determinação do Código de Defesa do Consumidor, entretanto, a pendência permanece no banco onde o contrato de empréstimo foi efetivado, e o sistema interbancário se comunica, de modo que os outros bancos têm acesso a todo o histórico.

Alguns desses débitos podem ser vendidos pelos bancos para empresas de cobrança, que podem fazer contato com o devedor por carta e telefone, mesmo após o prazo de 5 anos, porém, o contato com o intuito de cobrar a dívida somente pode ser feito de modo educado e civilizado e o devedor não pode ser exposto a nenhum tipo de constrangimento. Nem todas as dívidas são vendidas pelos bancos e a nossa amiga descobriu que o seu CPF continuava comprometido, quando quis fazer um financiamento imobiliário em outra instituição financeira, e teve o mesmo recusado.

Nada constava nos órgãos de proteção ao crédito, mas no sistema interbancário, o nome dela tinha uma restrição. Ela procurou o banco onde havia feito o contrato de empréstimo, mas a pendência não poderia mais ser negociada na agência, pois havia sido transferida para um setor específico, em outro endereço. Ela fez um contato telefônico e foi informada de que o valor em aberto perfazia um montante acima de 100 mil reais.

Eu e o Jean a orientamos a iniciar uma negociação, alegando que gostaria de pagar, mas que necessitaria de pedir recursos a parentes, de modo que precisaria que o banco diminuísse aquele valor. O banco apresentou uma proposta de cerca de R$ 60 mil e nós, após conversarmos com ela e sabermos qual era o teto que ela poderia pagar, a orientamos a oferecer R$ 20 mil à vista. O banco ofereceu uma contraproposta de R$ 37 mil e nossa amiga quis se livrar daquele desgaste e aceitou. Ela pagou e o banco limpou o nome dela em todo o sistema. Seis meses depois, ela fez uma nova consulta de financiamento imobiliário e foi aprovada em três instituições bancárias, podendo escolher a que ofereceu as melhores condições.

Dando continuidade à exposição de alternativas que podem ser adotadas para solucionar a inadimplência, existe a possibilidade de substituir uma dívida cara, isto é, de juros altos, por outra de juros menores. Na eventualidade de você ter um empréstimo ou débito cujos juros estejam tirando o seu sono, será inteligente que você se valha de uma prática comum de mercado que é a do devedor tentar obter um outro empréstimo, com juros e parcelas que caibam dentro do seu orçamento, com o objetivo de liquidar a dívida anterior à vista. A fim de fazer isso com maestria e da forma que seja efetivamente benéfica para a solução do problema, você precisa se familiarizar com o termo CET – Custo Efetivo Total.

O CET engloba os juros, tributos, taxas, encargos e seguros de qualquer empréstimo e financiamento, e deve estar descrito no contrato de crédito a ser firmado entre a instituição financeira e o tomador do dinheiro, no caso, você. Portanto, quando for analisar qualquer operação dessa natureza, observe não somente os juros, o prazo e o valor das parcelas, mas principalmente, o valor do CET. Em algumas propostas de empréstimo, os juros podem ser menores, mas o CET pode ser mais elevado, sendo necessário que você analise a minuta de contrato no detalhe, a fim de verificar se o custo efetivo total é inferior ao que você paga atualmente para, só então, firmar um novo contrato que seja realmente satisfatório para o seu bolso.

Por fim, o mercado oferece a opção da portabilidade, na qual o devedor pode transferir uma dívida cara de um banco para outro, que ofereça juros mais baratos. É importante ressaltar que a nova instituição financeira para a qual você deseja realizar a portabilidade irá proceder uma análise de crédito para verificar se você possui condições de honrar o compromisso que pretende firmar. Nesse caso, independentemente de você ter sido aprovado como tomador de empréstimo ou financiamento no banco anterior, o novo banco irá solicitar documentos comprobatórios de renda e verificar o seu histórico e score. Além disso, você deverá estar em dia com o pagamento do empréstimo para o qual deseja fazer a portabilidade, de modo que essa modalidade é interessante para quem está pagando juros altos e detectou uma oportunidade no mercado; não para quem se encontra inadimplente.

Como você pode ver, existem diversos caminhos para minimizar e eliminar o endividamento e a inadimplência. Encarar o problema com racionalidade e se apresentar ao seu credor, demonstrando firmeza e interesse no pagamento é sempre a atitude mais adequada, que lhe trará as melhores condições de obter um valor justo e de conseguir uma negociação vencedora.

Assim que os fantasmas tenham desaparecido do seu cenário econômico e que o DNA da educação financeira esteja incubado em você, é o momento ideal para começar a traçar um plano conciso e inteligente composto de metas, prazos e valores necessários para a conquista os seus desejos. Sugiro que você comece pequeno, estipulando metas de baixo valor e de fácil obtenção. Definir metas de rápido alcance não somente é mais produtivo, como também é essencial para garantir a motivação. Esteja ciente de que você está tomando conhecimento dos seus limites e do quão importante são os sacrifícios do hoje face às recompensas do amanhã.

A título de exemplo, faça a análise de qual das metas abaixo é mais factível e trará benefícios imediatos:

1 – Economizar Hum mil reais;
2 – Comprar um apartamento de quatro quartos.

Entre essas duas metas, a número um é a ideal a ser proposta para quem está começando a ordenar o seu fluxo de caixa. Colocar uma meta de difícil alcance como um imóvel de alto valor no topo da lista tornaria o processo estressante e desestimulante, principalmente se a pessoa passou muito tempo condicionada a fazer dívidas e habituada ao prazer do consumo imediato. Por outro lado, considero que uma meta reescrita tal como "Comprar um apartamento de quatro quartos em até dez anos" é totalmente factível e interessante. Por isso, reitero: comece pequeno.

Enfim, concluímos os dois passos iniciais da nossa caminhada: gerar renda e poupar. Você está "alimentada" com informações para mudar o seu mindset e está pronta para explorar o mundo dos investimentos. Eu estou muito animada para isso e espero que você esteja também porque, na próxima página, um novo ciclo se inicia.

PARTE III – INVESTIR

16 – O QUE VOCÊ PRECISA SABER ANTES DE COMEÇAR

Se você ainda não ouviu a frase que eu vou escrever a seguir, esteja preparada, pois, no ambiente dos investimentos, ela lhe será repetida inúmeras vezes: "rendimento passado não representa garantia de rendimento futuro". Por que os profissionais do mercado repetem este princípio a todo tempo e eu o estou enfatizando aqui? Porque o jogo dos investimentos é dinâmico e as peças do tabuleiro podem mudar de posição a todo tempo e isso significa que, se um ativo se valorizou muito no último ano, trimestre ou até mesmo semana, não há nenhuma garantia de que a onda de valorização perdurará.

Por isso, quando você ouvir aquela dica esperta de um amigo ou ler em um fórum sobre uma ação que está subindo como um foguete, lembre-se dessa frase. Ao assistir um vídeo antigo sobre rentabilidade turbinada na renda fixa, lembre-se de que o Copom baixou os juros e possivelmente aquela oportunidade não existe mais. E quando alguém lhe apresentar um case de uma empresa que teve uma valorização de 400%, e enfatizar que quem investiu no começo multiplicou o capital investido e ficou rico, lembre-se de que este é um evento passado e que não existe nenhuma garantia de que essa performance vá se repetir com o mesmo ativo.

Assim como eu estou atentando para a volatilidade dos mercados e para a consequente ausência de garantias de rentabilidade dos ativos, quero enfatizar que este livro não tem a intenção de recomendar investimento e sim de prover informações de caráter educacional. Meu intuito é relatar a minha experiência pessoal e, eventualmente, poderei mencionar alguns ativos nos quais investi. Mas, isso não garante que: 1 – eu ainda esteja posicionada no ativo citado, dado que a minha carteira varia periodicamente e que eu substituo ativos em busca de rentabilidades mais atrativas; 2 – certo ativo/ investimento seja o ideal para você, dado que cada pessoa tem um perfil e objetivo distinto.

Dito isso, eu quero que você saiba que investir mensalmente, mesmo que seja uma parcela pequena, é uma das melhores escolhas que você pode fazer em prol do seu futuro pessoal e familiar. Tenha em mente que ninguém, a não ser você, sabe o suor, a dedicação e o tempo empregado para ganhar o dinheiro que você vai destinar em uma aplicação financeira de qualquer natureza. Logo, estude o mercado e as opções que fazem mais sentido para você e tome suas decisões estando ciente que o ato de investir é um processo que envolve responsabilidade, foco e análise prévia. Sem mais delongas, vamos começar pois estou animada para compartilhar com você meus conhecimentos e experiências.

Porque você precisa ter uma visão do cenário macroeconômico

Todo investidor inteligente deve ter uma compreensão do mercado local e global, com o propósito de saber jogar com maior destreza este jogo fantástico que é investir. Você não precisa acompanhar as minúcias do cenário político e econômico global, mas é mandatório que você compreenda a conjuntura econômica atual no nosso país e suas conexões com os mercados internacionais. O ano de 2019 foi marcado por mudanças na economia e recordes no âmbito dos investimentos e mesmo com a crise de 2020, a Bolsa de Valores de São Paulo ultrapassou a marca de 2 milhões de CPFs cadastrados. É um número que impressiona, mas o aspecto mais relevante, e que vem impactando a vida de todos nós, são as mudanças nas taxas de juros no país. E o que isso tem a ver com você? Tudo, absolutamente, tudo. Vamos por partes.

Em julho de 2015, a taxa básica da nossa economia foi definida em 14,25% ao ano e mantida neste patamar até outubro de 2016. O Comitê que define a Selic é o COPOM (Comitê de Política Monetária), que é um órgão do Banco Central, formado pelo seu Presidente e diretores e as reuniões são a cada 45 dias.

A partir da reunião de 19/10/2016 o COPOM revisou a taxa para baixo e desde então, esta veio decrescendo até atingir o patamar histórico de 2% (e sabe-se lá para onde mais poderá ir nos próximos meses). A Selic (Sistema Especial de Liquidação de Custódia) é a taxa de juros básica da nossa economia e é a referência para as operações financeiras que utilizam juros no Brasil. Quando você vai ao banco e toma um empréstimo bancário, faz uma simulação para um financiamento de imóvel ou faz certas aplicações financeiras para obter rendimentos, a taxa Selic é utilizada como parâmetro para o cálculo dos juros dessas operações.

Portanto, quando a Selic cai, a atividade econômica tende a aumentar e o acesso ao crédito é beneficiado. Você pode financiar um imóvel ou um carro em melhores condições. Setores como a indústria, a construção civil e tantos outros segmentos captam recursos financeiros a taxas menores para financiar as suas operações e a tendência é que isso impacte positivamente a economia e a geração de empregos.

Quem possivelmente não gostou da queda dos juros é o investidor acostumado a surfar nos ganhos da renda fixa. Ele foi observando a rentabilidade de suas aplicações diminuir paulatinamente e, uma hora ou outra, deve ter sido obrigado a buscar novas opções para fazer o seu dinheiro render. Diante desse cenário, a Bolsa, as ações, os fundos imobiliários, entre outros começaram a ganhar potência. Durante os últimos anos, investidores como eu, o seu vizinho, o seu chefe, fomos migrando da poupança e de outros investimentos de baixo risco para a renda variável.

A queda das taxas de juros é um "fenômeno" mundial e muitos países Europeus têm hoje juros nominais negativos. A diminuição dos juros em muitos países é uma resposta dos bancos centrais à crise de 2008 e, em alguns deles, como na Suíça e no Japão, as taxas de juros são negativas (-0,7 e -1,1 respectivamente). Vamos imaginar que se você aplique em um país que possua juros negativos, um montante do seu patrimônio que, na moeda local, corresponda a R$1.000,00. Após um ano, você irá notar que possui menos dinheiro na sua aplicação, vamos supor algo em torno de R$980,00. Loucura, não é? O fato é que esses países crescem a um ritmo muito lento e seus governos querem que as pessoas movimentem o dinheiro, de modo que o raciocínio deles ao diminuir os juros é estimular a atividade econômica.

RECAPITULANDO: **Queda da Selic a patamares históricos; migração do investidor de renda fixa para renda variável;** *boom* **de CPFs inscritos na bolsa de valores brasileira; Euforia.**

Essa euforia, que começou em 2016 e atingiu o seu ápice em 2019, não se manifestou somente pelo alto fluxo de novos investidores, mas principalmente através da sensação de se ganhar dinheiro fácil com praticamente qualquer ativo da bolsa. Em 2019, qualquer novato ganhou muito dinheiro na bolsa e empresas que jamais seriam consideradas como um adequado investimento – endividadas, em recuperação judicial, mal geridas, com negócios capengas – davam disparadas de rentabilidade em suas ações. Euforia multiplicada várias vezes, sensação de que nada iria dar errado e de todos éramos super investidores com toque de Midas, o personagem da mitologia grega que transformava em ouro tudo o que tocava.

E então veio o Coronavírus.

O vírus com potencial mortal provocou não somente um tsunami na saúde pública mundial; ele varreu todo o frenesi do mercado no mês de fevereiro e, mais significativamente, em março de 2020. Companhias no mundo todo viram suas receitas despencarem devido ao fechamento forçado de suas unidades. As bolsas globais entraram em colapso e todos, e quando eu digo todos, entenda-se que qualquer investidor, desde o iniciante-sardinha até os fundos milionários de investimento, perdeu 50% ou mais do valor de seu patrimônio investido. No Brasil, foram 6 *circuit breakers*, que é um mecanismo que interrompe as operações da bolsa quando ocorre uma queda atípica, muito rápida e acentuada (acima de 10%, de 15% e de 20% durante um pregão, cada percentual com regras diferentes). Neste momento, surgiram dois tipos de analistas de investimentos: os loucamente empolgados e os cavaleiros do apocalipse. O primeiro grupo defendeu que a bolsa estava "em promoção" e que todos deveriam comprar muito porque estava muito barato. Os apocalípticos vislumbraram um cenário sombrio para os próximos anos, com uma recuperação sofrida e longa e defenderam que o investidor mantivesse uma posição reduzida em bolsa e se voltasse para proteções como ouro e dólar, além de ter dinheiro em ativos líquidos, de resgate a curtíssimo prazo. Em poucas palavras, adotar a linha "seguro morreu de velho", então ter dinheiro na mão é o melhor a fazer.

RECAPITULANDO: **Coronavírus;** *lockdown*; **queda nas bolsas;** *circuit breakers*; **parecia ser o fim do ciclo de ganhos dos investidores.**

Parecia ser o fim. Contudo, aconteceram eventos curiosos, imediatamente após a queda vertiginosa dos mercados. No Brasil, o fluxo de entrada de novos CPFs na Bolsa de Valores continuou em plena ascensão e os bancos centrais mundiais, em especial o Fed, americano, e o banco central da Alemanha, injetaram trilhões em suas economias. Sempre que um dado negativo surgia nos EUA, tal como alta de pedidos de seguro desemprego, surgia o Fed com um novo pacote de auxílio. E os mercados desenharam uma recuperação, em um ritmo tão rápido, que surpreendeu a todos. E este é o cenário no qual nos encontramos. As pessoas voltaram a ganhar dinheiro na bolsa e alguns setores, como a construção civil e o varejo digital, estão indo bem, melhor do que o esperado.

RECAPITULANDO: **Não foi o fim. A bolsa volta a ser a bola da vez.**

Acredito que você esteja agora consciente de todo esse novo movimento dos mercados e entenda o motivo do rebuliço em torno da bolsa de valores, dos fundos imobiliários e afins. Vamos seguir com entusiasmo, mas sempre guardando o devido respeito pelo nosso dinheiro, o que significa fazer escolhas sensatas e responsáveis. A crise ainda não acabou e você deve encontrar um ponto de equilíbrio entre otimismo/vontade de investir x cautela/vontade de se proteger. Mulheres inteligentes prezam pelo seu capital. Mulheres que sabem enriquecer colocam a razão antes da emoção, na vida e nas finanças. Continuemos, portanto, animadas e prudentes.

17 – ENCONTRE UM ANALISTA PARA CHAMAR DE SEU

Algumas pessoas se sentem seguras para investir sozinhas, mas os riscos associados são maiores, portanto, eu acho essencial ter a assessoria de uma casa de análises para oferecer um direcionamento assertivo. Sendo assim, recomendo fortemente que você contrate os serviços de um analista de investimentos ou de uma casa de análise, principalmente por ser um serviço de baixo custo e de grande auxílio. Eu sei, o YouTube está lotado de vídeos com propostas de investimentos, ações que serão a bola da vez, sugestões dos melhores fundos e você talvez possa ficar tentada a seguir aquela "dica quente" que pegou em um fórum ou em um vídeo. Sabe por que eu acho que você não deve seguir sem uma assessoria especializada? Porque ao optar por não pagar por uma consultoria e investir de acordo com dicas da web, você pode entrar literalmente em uma roubada, seguindo indicações sem embasamento técnico.

Você pode assistir a um vídeo de seis meses atrás, indicando um investimento que não se justifica mais, pois o valor bom da ação ou a taxa de atratividade já se foi. Pior do que entrar na hora errada, é não ter subsídios para saber a hora de sair de um investimento, visto que, muitas vezes, uma recomendação de compra tem um preço de entrada e um preço-alvo para saída. Você não vai ter ninguém para lhe avisar sobre isso, tampouco para tranquilizá-la quando a manada começa a se desfazer de ações de uma empresa que teve uma queda por pura especulação.

Existem inúmeros bons profissionais e empresas que fazem um trabalho honesto e competente, através de relatórios detalhados com um racional coerente. Eu tenho predileção por alguns, entre os quais, destaco o professor Vicente Guimarães, da VG Research, o Bruce e o Ricardo, da Nord, a Luciana Seabra, da Spiti, e o Felipe Miranda, da Empiricus. São todos, pessoas preparadas, com mais de uma década de experiência e com certificações que os habilitam a prestar um suporte ao investidor, identificando as melhores oportunidades.

Muita gente fala mal da Empiricus e do Felipe, mas, não se pode negar que a empresa tem sido a casa de muitos profissionais excelentes, sendo que, dos nomes que citei acima, o Bruce e a Luciana foram analistas da Empiricus antes de abrirem suas próprias casas de análise. O Felipe e sua trupe são *hard-core*, ousados, e suas campanhas de marketing são incisivas e polêmicas, o que gera ceticismo em alguns e crítica em outros. Mas, dando a minha opinião baseada na minha vivência como cliente, eu estou bem satisfeita. Por eu ser uma investidora agressiva, eu gosto do espírito desbravador do Felipe e eu e o Jean ganhamos bastante dinheiro com as sugestões recebidas.

É claro que eu tenho um filtro, digo, um mega filtro para escolher, entre as indicações que ele oferece, o que faz mais sentido para o nosso portfólio. Funciona assim: eu contratei um relatório específico e ele passa uma carteira de ações, o percentual de cada uma delas, preço alvo e racional, que nada mais é do que a explicação teórica que fundamenta a recomendação. Eu não compro todas as ações recomendadas e estudo cada uma das proposições, observando o valor atual do ativo para então seguir o meu feeling. Antes de fazer qualquer movimento, eu converso com o Jean, discutimos as opções e batemos o martelo.

Ter o seu filtro é o melhor conselho que posso lhe dar, além de sugerir a contratação de uma casa de análise. Filtre e decida com a cabeça, não com as emoções. Digo isso porque na nossa rotina como investidoras, muitas oportunidades irão surgir; algumas promissoras, com grau de risco baixo ou médio, e outras bastante atrativas e altamente arriscadas. Portanto, a palavra final tem de ser da pessoa mais interessada nas suas finanças: **Você**.

O mais importante é que você procure uma consultoria independente e imparcial. Quando você pede um direcionamento ao seu gerente de banco, ele vai oferecer produtos que a instituição para a qual ele trabalha tenha interesse em promover e, muitas vezes, irá sugerir um produto simplesmente porque precisa bater uma meta. A sua corretora de investimentos também poderá fazer indicações baseada em interesses próprios, através do envio de e-mails com sugestões de renda fixa, COEs, debêntures, entre outros. Com um analista independente você terá uma análise imparcial, técnica e vai se sentir mais segura na hora de alocar o seu suado dinheirinho.

18 – PROTEJA O SEU BEM MAIS CARO: SUA FAMÍLIA

O primeiro investimento sobre o qual eu irei falar não é muito popular no Brasil, ao passo que, nos EUA, ele é amplamente utilizado pelas famílias. Para falar a verdade, esta opção não é considerada pelo mercado como um investimento e tão somente como um produto complementar ao planejamento financeiro. Os educadores financeiros da internet no Brasil praticamente não falam desta opção, talvez por muitos deles serem solteiros e não terem a preocupação que eu tive após ter um filho. Talvez os gurus das finanças se achem imortais. Estou brincando, mas, realmente, não somos imortais e, de fato, a vida é um sopro. É por isso que eu busco proteção e estou falando sobre seguro de vida.

Eu percebi a necessidade de um seguro desse tipo logo após eu e o Jean comprarmos o nosso apartamento. Como nossa renda era somada para o cálculo da prestação do imóvel, eu sabia que, caso um de nós faltasse, o outro iria ficar em dificuldades para cumprir as obrigações do financiamento. Essa preocupação aumentou em progressão geométrica quando eu engravidei. Eu sabia que era essencial criar um mecanismo de proteção financeira para a família e entendia que tanto eu quanto o Jean deveríamos contratar uma apólice.

Entenda, é muito importante investir corretamente para construir um patrimônio e garantir uma aposentadoria tranquila. Mas você precisa pensar que ninguém vive para sempre e que o inesperado pode acontecer. Quando você compra uma cota em um fundo imobiliário, um lote de ações ou contrata um plano de previdência privada, o montante para garantir um futuro tranquilo dependerá de variáveis como o valor investido, as contribuições realizadas mensalmente, o tempo e a rentabilidade. É um capital que será acumulado através de anos de aportes. No caso do seguro de vida, a proteção das pessoas que você ama, seja um companheiro, um filho, seus pais ou outros que dependam de você estará assegurada desde o pagamento da primeira parcela. Não importa se o sinistro vai ocorrer no dia seguinte ou em quarenta anos, os seus beneficiários irão receber o valor integral contratado, desde que você honre com os pagamentos mensais e cumpra com as cláusulas contratuais.

Desejo que tanto eu quanto o Jean vivamos por muitos anos, mas, caso algo aconteça com um de nós enquanto ainda somos jovens, o outro e o nosso filho estarão protegidos.

Na melhor das hipóteses, considerando uma vida muito longa e saudável para nós, estamos garantindo uma forma de herança para o Gabriel. No que tange a esse assunto, é importante esclarecer que o seguro de vida em caso de morte não é considerado herança e não sofre incidência de imposto de renda. O seguro pode ser o diferencial para cobrir despesas imediatas logo após a ausência de um dos provedores ou do provedor principal, visto que o pagamento é rápido, em até 30 dias, ao passo que um inventário de herança pode demorar até um ano para ser concluído, além dos custos, que giram entre 15% a 20% do valor dos bens a serem transmitidos para os herdeiros.

O melhor de tudo é que um seguro de vida custa muito barato. Vou ilustrar fazendo a simulação de um seguro de vida para uma pessoa com a idade do meu marido, 43 anos. Uma apólice com cobertura de R$150.000,00 para morte ou invalidez por acidente (o valor dobra em caso de morte acidental, perfazendo uma cobertura de R$300.000,00) custa mensalmente em torno de R$60,00. Se você quiser um valor de R$250.000,00 (em caso de morte acidental R$500.000,00) a parcela mensal gira em torno de R$72,00 e para uma cobertura de R$300.000,00 (em caso de morte acidental R$600.000,00) a parcela mensal gira em torno de R$85,00. O produto cobre ainda doenças graves, podendo o valor da indenização ser pago integramente no caso de ocorrência de certas enfermidades.

Quando eu fiz os seguros de vida, eu pensei que poderia ir aumentando o montante de cada apólice gradativamente, por exemplo deste modo: se eu fizesse um seguro de R$400 mil em um ano, futuramente poderia alterá-lo para R$600 mil ou qualquer valor superior que entendesse que fosse adequado para nós. Quando, ao final do primeiro ano do seguro do meu marido, eu solicitei uma alteração com aumento do valor da cobertura, o meu corretor de seguros informou que eu não poderia fazer tal alteração e que as minhas opções seriam cancelar o atual e fazer outro com valor maior ou ter vários seguros de vida. Eu achei chato, mas, paciência.

O corretor refez as simulações e ficou comprovado que seria mais interessante financeiramente cancelar aquela apólice e fazer outra com o dobro do valor do que ter dois seguros diferentes para cada um de nós. Meu marido (e meses depois eu também) teve de passar novamente pelo processo de entrevista médica, mas como a saúde dele se mantinha em perfeitas condições, o processo foi aprovado.

Pela minha experiência, sugiro a você que pense nesse tipo de proteção e que procure um consultor de seguros experiente e que trabalhe com diversas seguradoras. Ele poderá fazer as cotações e você terá unicamente o trabalho de responder à entrevista da área médica da seguradora e assinar o contrato. Visto que o processo de aumentar o valor da cobertura implica em retrabalho, estime um montante que seja o mais adequado para os seus beneficiários e firme um contrato com essa cobertura.

Pense na soma em dinheiro que você irá pagar mensalmente como uma poupança forçada para suprir a perda financeira e manter o padrão de vida daqueles que você ama em caso de uma ausência precoce. Considere esse valor como uma garantia em caso de uma doença grave e de uma invalidez permanente, minimizando os impactos que tais imprevistos possam causar.

Algum investidor mais afoito poderia dizer: "mas se eu investir este valor por minha conta todo mês, ao final de 20, 30 anos e terei muito mais do que o valor do prêmio do seguro contratado." Sim, qualquer valor que aplicarmos através de gestão própria, isento de pagamento taxa de administração e/ou performance, tende a render mais do que quando se terceiriza a tarefa para uma empresa. Se tivéssemos uma bola de cristal que nos dissesse que vamos viver, 80, 90 ou 100 anos, poderíamos confiar somente na acumulação de patrimônio e na multiplicação obtida com os juros compostos através dos anos, sem preocupação com qualquer fato extraordinário ou imprevisto.

 O problema é que nem eu, nem você, nem ninguém sabe a hora que vai partir deste mundo. E é por esse motivo que eu passei a dormir mais sossegada depois que eu e o meu marido optamos pelo seguro de vida. Nossa intenção é que consigamos turbinar o nosso patrimônio no decorrer dos anos, mas, caso algo ocorra no meio do caminho e antes de atingirmos nossas metas, teremos deixado uma segurança extra para o nosso herdeiro. Pense nisso e cuide do seu bem mais precioso, a sua família.

19 – PREPARE O PORTO SEGURO: RESERVA DE EMERGÊNCIA

Não importa o quanto você está disposto a investir, seja mil ou 1 milhão de reais, você não pode pensar em temas como carteira, diversificação, proteções, se não tiver a sua reserva de emergência formada. Essa reserva nada mais é do que aquele dinheirinho que o pessoal antigo guardava embaixo do colchão ou dentro daqueles cofres de 1,30 m de altura (o meu pai ainda tem essa relíquia!) ou que nós guardávamos até alguns anos atrás na poupança. É o dinheiro para usar quando você bate o carro, quando surge uma despesa médica inesperada, quando um familiar pede uma ajuda financeira urgente, quando você perde o emprego.

A crise desencadeada pelo novo Coronavírus mostrou ao mundo a importância de se ter uma reserva de emergência. Empresas e pessoas físicas que tinham a reserva conseguiram se sustentar, mesmo com a paralisação da economia. Geralmente, os consultores financeiros orientam que as pessoas guardem entre três a doze meses das suas despesas mensais. Eu vou lhe ajudar a calcular quanto você precisa reservar.

Em primeiro lugar, faça uma conta rápida, mas abrangente, das suas despesas mensais fixas e variáveis: moradia, condomínio, energia elétrica, internet, celular, plano de saúde, seguros, plano de previdência, escola, supermercado, faxina, doações, farmácia, lazer, entre outros. Vamos estimar que essas despesas somaram o total de R$4.000,00. A sua reserva será esse valor vezes um certo número de meses. Quanto mais melhor, mas iremos analisar alguns grupos abaixo e você vai encontrar qual múltiplo pode se aplicar ao seu caso.

Se fosse tem uma fonte de renda bastante estável – Vamos supor que você seja aposentada ou tenha um emprego público, concursado, para cujo cargo já tenha alcançado a estabilidade. Ou seja, a não ser que você tenha fraudado o INSS ou não cumpra com os artigos do regime dos empregos públicos, dificilmente você irá perder esse rendimento. Caso você tenha esse perfil, o valor mínimo da sua reserva de emergência deve ser três meses. Sendo assim, 3 X R$4.000,00 = R$12.000,00. Atente-se que esse valor é o mínimo, quanto mais, melhor para você.

Se você tem um emprego CLT no qual se sente (na medida do possível) seguro – Afirmar que você tem um emprego de carteira assinada e que não vai ser demitido é algo impossível e esse é um dos motivos de estarmos falando sobre reserva. Mas, vamos supor que você trabalha há alguns anos em uma empresa, tem bons feedbacks dos seus chefes, é valorizado, de modo, que é preciso acontecer algo muito grave com você ou com a empresa, para que você seja demitido. Em face a esse cenário, a reserva de emergência mínima seria de 6 meses. Trazendo para o exemplo do nosso estudo: 6 X R$4.000,00 = R$24.000,00

Se você é autônomo ou empreendedor – Vamos supor que você seja uma digital influencer ou tenha uma loja online de venda de caminhas para pets. A sua renda é bastante variável e possivelmente cíclica, o que nos leva a uma reserva de emergência mínima de 12 meses. Sendo assim, o valor para o nosso cenário exemplo seria: 12 X R$4.000,00 = R$48.000,00. Mas preste bastante atenção ao detalhe que esse valor é para você e para as despesas emergenciais, ou seja, essa reserva não é para capital de giro do seu negócio.

Agora que você entendeu o básico sobre a reserva de emergência, vamos rever alguns pontos e abordar outros. Saiba que você precisa, de fato, ter a reserva de emergência para custear imprevistos e emergências. Isso quer dizer que o seu fundo de segurança será usado em momentos difíceis que não estavam nos seus planos e nunca deverá ser utilizado para viagens, festas, compras, lazer, reformas, entre outros.

Este dinheiro deve ser alocado em um investimento de baixíssimo risco, mas não, de jeito nenhum, de forma alguma, você deve deixá-lo na poupança. Existem melhores opções para o seu rico e precioso dinheirinho e as que eu mais aprecio são o Tesouro Selic, Fundo DI taxa zero e CDBs com liquidez diária. Eu vou detalhar melhor essas alternativas no capítulo sobre renda fixa, mas adianto que, se a sua reserva é pequena (menor do que R$10.000,00) e se você tiver de pagar taxa de TED para transferir o montante do seu banco para uma corretora, provavelmente não valerá a pena buscar um fundo DI fora do seu banco, pois o custo da taxa irá destruir com o seu rendimento, caso o investimento seja menor do que dois anos. Nesse caso, é melhor investir em Selic no seu banco mesmo. Mas não se deixe levar pelo canto da sereia da pessoa que gerencia a sua conta, caso ela faça a proposta de outros tipos de investimentos (que vão auxiliar o gerente a bater metas mensais, mas que podem deixar o seu dinheiro preso por muito tempo). Para a sua reserva, você precisa de um investimento que contemple três premissas:

1. **Liquidez** – dinheiro na mão rápido, hoje ou, no mais tardar, amanhã, caso você precise resgatá-lo para usar com urgência;
2. **Segurança** – você não pode correr riscos com sua reserva e o investimento deve ser o mais seguro possível;
3. **Rentabilidade** – mesmo com a taxa de juros a patamares mínimos, é bom buscar uma aplicação na qual o dinheiro renda um pouquinho.

Entendo que pode surgir em você um ímpeto de começar a investir antes de formar a reserva. Essa ansiedade é normal e penso que motivação é tudo na vida, e que ver o dinheiro começando a se multiplicar é positivo para manter o espírito de prosperidade. O que você não pode fazer é usar o dinheiro da reserva para investir em ativos de risco. Você precisa compartimentalizar o que é dinheiro para fundo de reserva – e que necessariamente ficará alocado em investimentos conservadores – e o que é dinheiro para investimentos visando multiplicação do patrimônio. Tenha paciência neste momento inicial em que as coisas parecem caminhar devagar, pois, como diz o ditado, devagar se vai ao longe. Se você puder contar com a proteção de um fundo de emergência, você se sentirá mais segura para fazer investimentos mais arrojados.

20 – COMPRAR CASA PRÓPRIA OU MORAR DE ALUGUEL?

Não tem jeito. Por mais que os gurus financeiros tentem incutir na cabeça das pessoas que o melhor é usar o dinheiro de um futuro imóvel para investir, o que a maioria de nós quer é realizar o sonho da casa própria. Recentemente, em uma janela de comentários inserida em uma série de vídeos educativos gratuitos, a analista Luciana Seabra perguntou aos leitores o que eles fariam se pudessem ganhar dinheiro de verdade. Entre os mais de 4 mil comentários, as pessoas responderam abrir um negócio, viajar, ter uma aposentadoria tranquila e, uma maciça parcela, respondeu: comprar uma casa.

Veja bem, não estou atestando que a Luciana pensa que o melhor é viver de aluguel e usar o dinheiro para investir, pois, desconheço a opinião dela sobre o tema. Mas é certo que, de cada 10 vídeos postados no YouTube pelos gurus de plantão, 9 irão falar que comprar imóvel próprio é tolice; que o bom mesmo é morar de aluguel. Até que o dono do imóvel requisite o mesmo de volta, causando um desconforto, como aconteceu com o educador financeiro Primo Rico. Defensor do aluguel, ele decidiu imediatamente comprar a sua casa, após viver esse episódio que o incomodou.

E você, o que pensa disso? Também tem vontade de ter a sua casa própria ou, se já a possui, se arrepende da compra? Acredita que pode ser mais bem-sucedida investindo o valor do imóvel ou da entrada?

A justificativa dos defensores do aluguel é que você consegue morar bem por um valor menor do que a prestação de um financiamento e investir a diferença, ganhando mais dinheiro e efetuando a compra do imóvel no futuro, pagando à vista e sem juros. Mas será que não existe mesmo nenhuma vantagem em comprar um imóvel? Será que todos os que usarem o dinheiro destinado à casa própria para investir terão lucro? São perguntas que você deve se fazer a fim de pesar prós e contras.

A decisão sobre melhor opção está muito atrelada ao valor dos juros. Juros menores sinalizam melhores oportunidades de compra de imóvel e juros maiores sinalizam boas oportunidades de investimento em detrimento a financiamentos mais caros para imóveis. Neste sentido, a queda recente da taxa Selic representa um ponto positivo em relação à compra de imóvel. A mudança nas regras para financiamentos feita pelo governo em 2019 também produziram um efeito positivo.

Os economistas alegam que o cálculo do que vale mais, alugar ou comprar, depende da disponibilidade financeira para a entrada, do quanto esse valor renderia em uma aplicação, do prazo de financiamento, do uso ou não do FGTS e, principalmente, do mercado e de como será a valorização imobiliária a longo prazo. Chegar a uma conclusão diante de tantas variáveis e diante da incerteza do cenário econômico futuro é desafiador, por isso, eu vou relatar a minha experiência e dar a minha opinião sobre quando eu acho que vale muito a pena comprar um imóvel.

Quando eu e o meu marido decidimos comprar um imóvel, estávamos pagando aluguel há três anos e a taxa do condomínio de onde morávamos se elevou devido a vazamentos no edifício. A situação ficou insustentável ao ponto de o valor da taxa custar 80% do valor do aluguel, sendo que o edifício não tinha nenhum item de lazer.

Um dia, ao abrir o boleto do condomínio, eu decidi dar um basta e fui ao Itaú, pedir para avaliarem as possibilidades de financiamento para nós. Dois dias depois, eles ligaram com a resposta de aprovação. Eu decidi ir à CAIXA e solicitei uma avaliação do nosso perfil. Fomos aprovados também nesse banco, então, começamos a procurar imóveis.

Além de ser arquiteta e de ter trabalhado em uma das maiores incorporadoras e construtoras do país, eu era telespectadora assídua de um programa de TV canadense chamado "Property Virgins," no qual uma corretora auxiliava casais que estavam comprando o seu primeiro imóvel. Esse programa foi essencial para desenvolver o mindset correto e definir estratégias importantes que usamos no nosso processo de compra, as quais vou detalhar para você abaixo.

- **Em algumas localizações, o seu dinheiro vale mais** - No programa, todos os casais queriam o imóvel perfeito, com todos os itens da lista de desejo e na melhor localização possível. O problema é que, em 90% dos casos apresentados, os compradores não tinham o valor necessário para aquele padrão. E a corretora, a experiente Sandra, sempre tentava incutir na mente dos ansiosos compradores que, procurando em bairros um pouco mais afastados do bairro desejado, eles poderiam conseguir excelentes oportunidades.

Eu e o Jean seguimos essa diretriz e ignoramos os imóveis no bairro de zona sul, onde morávamos, e procuramos em bairros de outras regiões próximas ao centro. A decisão foi assertiva e encontramos um apartamento novo, em um condomínio imponente e bem decorado, que acabara de ser entregue. A área de lazer era simplesmente incrível, com vários itens de lazer; um perfeito condomínio clube. E o melhor: tanto o preço do imóvel quanto o valor do condomínio eram significativamente menores do que pagaríamos em outros bairros da cidade. A fórmula da Sandra funcionou, não somente no Canadá, mas para nós, no Brasil, e pode funcionar para você. Lembre-se: em algumas localizações, o seu dinheiro pode valer mais, muito mais.

- **Garanta uma negociação vencedora** - A corretora Sandra sempre apresentava uma planilha de comparativos de preços dos imóveis vendidos na região do imóvel escolhido por seus clientes e os orientava a fazerem uma oferta abaixo do valor pedido, para ter uma margem de negociação. No nosso caso, eu tinha experiência profissional com negociação de terrenos para as empresas nas quais eu havia trabalhado, de modo que listei todos os itens a serem negociados e o resultado não poderia ter sido melhor: Nós conseguimos comprar um apartamento cinco andares acima da unidade que havíamos manifestado interesse inicialmente, porém pagamos o preço da unidade quatro andares abaixo da que compramos. O sinal pago pela concretização do negócio foi a metade do valor que eles nos pediram inicialmente. E não pagamos nenhum reajuste pelo tempo em que o contrato de financiamento ficou tramitando dentro do banco até ser assinado.

- **Escolha o melhor banco para o seu financiamento** – Alguns bancos irão lhe oferecer menos burocracia com decorrente prazo menor para a assinatura do contrato e outras instituições poderão oferecer maior prazo, menor valor de entrada e menores taxas. Não se apegue a nenhum banco ou gerente amigo; analise a melhor proposta.

- **Seja a sua despachante e corte custos** – Quando o gerente da construtora me perguntou quem seria o meu despachante, não titubeei na resposta: EU. O despachante é a pessoa que faz o trâmite dos documentos junto ao cartório, banco e prefeitura para pagar todas as taxas e registrar o imóvel. Eu não estava disposta a pagar por nada disso e você não precisa pagar também. Quem tem boca não vai a Roma? Garanto que não foi nada difícil, e leve em consideração que eu ainda estava grávida. Além de economizar, ninguém irá tirar de você a satisfação de ter resolvido tudo sozinha.

Voltando à questão inicial, vale a pena comprar ou alugar?

Obviamente, concordo com a tese de que comprar à vista é sempre a melhor opção. Mas, convenhamos, nem todos têm a disciplina para separar parte do valor que deveria ser destinado a um financiamento e investi-lo mensalmente.

Outro argumento dos gurus que nem sempre se adequa a realidade brasileira é que o valor do aluguel é bem mais barato do que o da prestação. Penso que, como a maioria dos youtubers de finanças mora nos grandes centros, essa realidade se aplica. Contudo, em cidades de pequeno e médio porte, valores de aluguel e prestação de um imóvel são, na maioria das vezes, equivalentes, de modo que não haveria sobra alguma para investir.

Além disso, a maioria dos educadores financeiros é autônoma: consultor, empreendedor, *trader*. O que isso quer dizer? Que eles não têm carteira assinada e por isso não gozam do recebimento de FGTS, o fundo de garantia por tempo de serviço. O fundo de garantia é um trunfo poderoso para a compra do imóvel e posso ilustrar com o nosso exemplo.

Eu e o Jean tínhamos juntos, um bom valor guardado no fundo, o qual era suficiente para pagar a entrada do imóvel. Em dinheiro à vista, precisávamos pagar um sinal, no ato de assinatura do contrato de compra e venda (que não é o contrato de financiamento). Lembre-se de que eu disse que preparei muito bem a negociação para a reunião na construtora. Pois bem, negociei e consegui fechar o valor ínfimo de 2,12% sobre o valor do imóvel para pagamento do sinal, então, posso dizer que conseguimos financiar um imóvel praticamente usando somente o FGTS, que é um montante que fica parado na conta do trabalhador e com possibilidades de uso extremamente limitadas. Outra vantagem que o

FGTS oferece é a opção de utilizar o dinheiro do fundo para amortização do imóvel a cada dois anos. Nós demoramos cinco anos para utilizar este mecanismo e, com o FGTS acumulado somente na conta do Jean, conseguimos liquidar 12 (eu disse: Doze) anos de financiamento. Isso, guru de internet nenhum conta!

O último peso que você deve considerar na balança é a possibilidade de rentabilidade do bem. Eu sei que um imóvel para moradia é um passivo e não ativo, e Robert Kiyosaki ensinou que passivo é tudo aquilo que tira dinheiro do seu bolso. Porém, quando adquirimos o nosso apartamento, o mercado imobiliário em retração favorecia o comprador. Além disso, fechamos a compra no mês em que a construtora entregou a obra, de modo que o preço de venda não havia atingido seu topo. Passados cinco anos, unidades padrão (sem reformas) eram vendias a um valor 38% mais alto do que o que pagamos. Não estou falando de valor pedido, estou falando de valor pago, visto que existe uma lista de interessados em comprar e alugar unidades na portaria e nós mesmos já recebemos cartas de corretores com clientes interessados na aquisição. Poucas aplicações nos dariam um retorno tão sólido e é por todos esses motivos que eu declaro: nas condições adequadas, vale a pena compra ao invés de alugar. Pense nisso.

21 – DESCUBRA O SEU PERFIL DE INVESTIDOR

Ao definir sua estratégia para alocação de investimentos, é primordial que você se mantenha coerente com o seu perfil de investidor. Um conservador que inicie na Bolsa com uma exposição acima do que seria adequado ao seu perfil, poderá se assustar com a volatilidade do mercado e desistir após um breve período de queda no valor dos seus ativos. Para descobrir qual é o seu perfil de risco, oriundo do termo em inglês *suitability*, você deverá fazer os testes oferecidos pelas corretoras de valores, que são um passo obrigatório no momento do cadastro, seguindo o que foi instituído pela Anbima (Associação Brasileira das Entidades dos Mercados Financeiro e de Capitais). Esse teste irá definir se você é uma investidora de perfil Conservador, Moderado ou Arrojado.

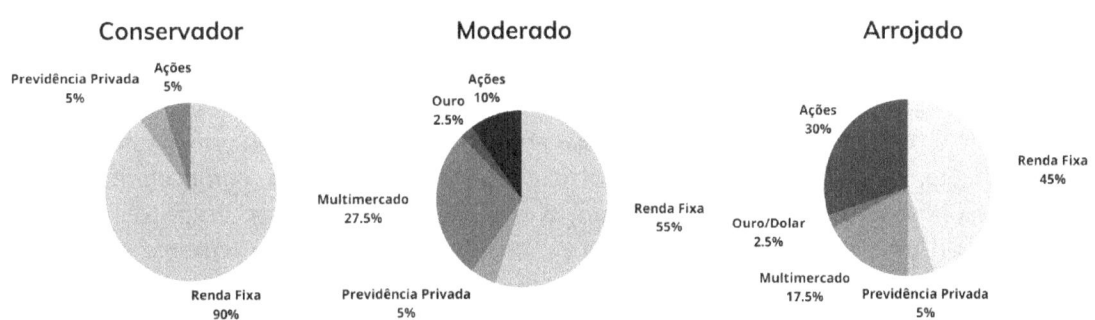

Quando pensamos em um perfil conservador, pensamos naquela pessoa segura e avessa à riscos, que investe 100% do seu patrimônio em renda fixa, muitas vezes na caderneta de poupança. Contudo, um perfil conservador pode ter alocações em previdência privada e até mesmo ações ou fundos, porém, sua exposição na renda variável é reduzida, em torno de 5 %.

Dado que o foco do conservador é a preservação do patrimônio, sua prioridade são investimentos que tenham rendimentos estáveis, baixo risco e alta liquidez (liquidez = capacidade de um ativo ser vendido e virar dinheiro em caixa rápido). O conservador prefere menores rendimentos com segurança a ganhos atrativos associados a baixa liquidez e alto risco.

O próximo perfil, investidor moderado, é um híbrido entre o conservador e o agressivo, demonstrando maior tolerância ao risco do que os representantes do primeiro grupo, mas prudente o suficiente para priorizar a segurança em suas aplicações. Geralmente, o moderado possui um bom nível de conhecimento do mercado financeiro, foco em médio e longo prazo e disponibilidade para investir uma fatia maior de patrimônio em renda variável.

Por fim, o investidor arrojado ou agressivo busca alta rentabilidade a curto prazo e comumente tem bastante conhecimento do mercado. Ele utiliza sua instrução e visão estratégica para garimpar os ativos mais atrativos e está disposto a suportar perdas temporárias. Assim como o investidor moderado, a carteira do investidor arrojado é diversificada, mas a exposição a ações é mais significativa, representando um percentual igual ou superior a 30%.

Você pode estar se questionando se o perfil varia de acordo com a idade do investidor, e a realidade é que não existe um modelo obrigatório. Particularmente, eu creio que exista uma mudança de perfil devido aos nossos objetivos mudarem com o avançar da idade e decorrente maturidade.

Nos Estados Unidos, que são uma nação madura em termos de investimento e cuja população sempre teve a cultura de possuir grande participação no mercado acionário, observa-se um comportamento variável de acordo com faixas etárias. Percebia-se uma participação decrescente, no qual jovens americanos na casa dos 20 anos possuíam em média 70% da carteira em ações, diminuíam essa participação para 65% entre os 30 e 40 anos, 55% após os 50 anos com estabilidade na casa dos 40% após os 60.

Por muito tempo, os investidores americanos seguiram uma regrinha chamada *Rule of Thumb*, na qual o investidor faz a seguinte conta:

> **100 – Idade do investidor** = % do seu portfólio que será composto por ações

Seguindo a regrinha, um jovem de 25 anos teria 75% da sua carteira formada por ações.

Atualmente, pesquisas apuram que ocorreu uma mudança no comportamento dos millenials, a geração nascida entre 1980 até o final dos anos 90. Esse grupo demográfico tem destinado uma parcela menor para ações, por motivos tais como temores com crises, dívidas com financiamento estudantil e até mesmo por pouco conhecimento do mercado.

Independentemente de qualquer regra, é interessante que você adeque sua carteira às suas necessidades, pondere participações em ativos de risco e tenha, sempre, um foco na sua aposentadoria e na sua liberdade financeira. Eu sou uma investidora arrojada e o meu marido é moderado. Nós começamos com uma carteira bastante agressiva, focada em ações e fomos ajustando e diversificando até chegar a uma composição que tem uma participação significativa em renda variável no Brasil e no exterior tanto em ações que eu compro via home broker quanto em fundos. Também temos uma parte relevante em renda fixa e em fundos multimercados. Dada a nossa diversificação, temos a proteção do ouro, investimento favorito do meu marido. A composição da carteira está na imagem a seguir e lhe dará uma noção mais clara de como a montamos:

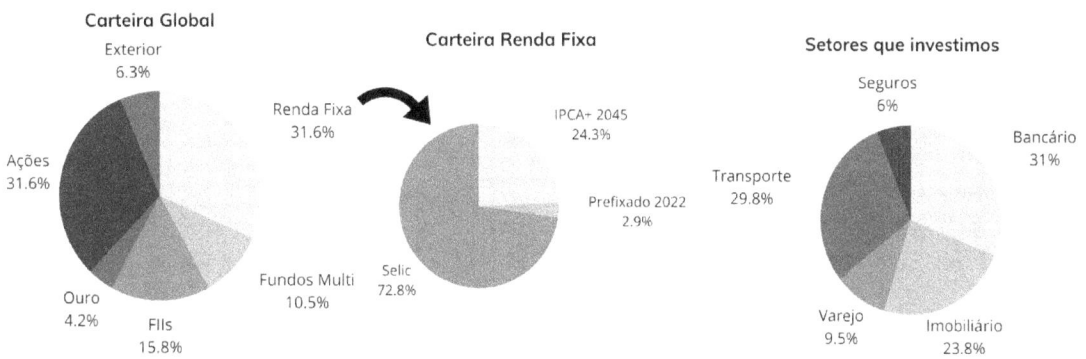

Nossa carteira está dividida em três corretoras. Na primeira, Easynvest, temos renda variável e renda fixa, com ações na Bovespa, fundos imobiliários e títulos do tesouro. Na renda fixa, possuímos três tipos de títulos: o Tesouro Selic, que é a nossa reserva de emergência, uma pequena fatia em prefixado 2022 e um aporte em um título longo, chamado NTNB, que é o Tesouro IPCA + 2045, que compramos com o objetivo previdenciário, ou seja, aquele dinheiro para ficar guardado para a aposentadoria.

Temos outra corretora no Brasil, a Vitreo, onde temos aplicação em três fundos: Tesouro Selic, através de um fundo DI, fundo de Ouro e um fundo que aplica em ações de empresas de tecnologia americanas. Por fim, temos uma conta no exterior, onde investimos em ações da Amazon.

Nossa carteira de ações é formada prioritariamente por grandes empresas, as *Blue Chips*, que são empresas estáveis, com um posicionamento relevante em seus segmentos de atuação, e preferimos empresas pagadoras de dividendos. No entanto, uma carteira vencedora não pode ser somente formada por *Blue Chips* e para enriquecer em um prazo mais curto de tempo, o investidor deverá apostar também nas *Small Caps*. Trataremos sobre os tipos de empresa em outro capítulo.

A definição de quais setores você deve investir na bolsa é muito pessoal. Por mais que você assine com uma casa de análise que irá lhe prestar assessoria qualificada, você é quem deverá selecionar, entre as sugestões oferecidas, quais são as empresas com as quais você se identifica e acredita.

Para montar a sua carteira, eu reitero a importância de contratar um analista de valores mobiliários, cadastrado na APIMEC (**http://www.apimec.com.br**). Eu sugeri alguns no capítulo 24, mas existem vários outros que podem prestar um serviço qualificado. E, de posse de relatórios com sugestões embasadas, você terá segurança para compor a sua carteira com ativos que estejam em consonância com os seus interesses e que tenham negócios nos quais você se sinta motivada em fazer parte.

22 – RENDA FIXA - VOCÊ PRECISA TER

Você se lembra que, ao falar sobre a taxa Selic, eu mencionei que alguns países possuem juros negativos? Na Europa, os juros nominais são negativos e no Brasil, temos juros reais negativos. Juro real negativo é quando a inflação supera o juro nominal, o que significa você ganhar, após 1 ano, menos dinheiro do que colocou no investimento de renda fixa. Em termos nominais, o valor investido aumentou, mas em termos reais, o seu dinheiro perdeu em poder aquisitivo e você comprará menos com ele do que comprava antes de aplicá-lo.

Sendo assim, sinto muito, mas não adianta correr. Seja na poupança, debaixo do seu colchão ou no Tesouro Selic, o seu dinheiro irá sofrer o efeito de juros reais negativos. Diante disso, o que fazer? Tirar todo o dinheiro da renda fixa e ir para a renda variável? Apostar todas as cartas na bolsa? Não, nunca, jamais. Você não pode fazer isso, devido ao enorme risco para o seu futuro financeiro. Você precisa sim, ter parte do seu dinheiro na renda fixa e eu vou apontar quatro motivos para isso:

1. Reserva de Emergência – já tratamos sobre a importância de ter essa reserva pois imprevistos podem acontecer a qualquer momento e você precisa estar preparada, reservando parte do seu capital;

2. Reserva de Liquidez – é aquele dinheiro que você precisa ter para aproveitar boas oportunidades, por exemplo, quando a bolsa sofre uma queda e você consegue comprar ações das melhores empresas a preços descontados;

3. Aposentadoria – existem várias opções para você investir com foco em aposentadoria, mas uma delas, e que eu particularmente utilizo, é o Tesouro direto, através de aportes em títulos longos, os chamados NTN-Bs;

4. Diversificação de carteira – você não sabe quando uma crise mundial, de proporções catastróficas, pode acontecer (alguém esperava pelo Coronavírus?). Neste momento, os mercados caem vertiginosamente e você precisa ter parte do seu capital posicionado em um investimento líquido, ou seja, de fácil resgate, que você consiga sacar hoje, ou no mais tardar amanhã. Muitos fundos exigem vários dias para resgate e você não sabe se aquele fundo ou instituição financeira vai quebrar. Ações, em caso de haver compradores, você pode vender rapidamente, porém, o preço pode ter despencado e você verá o seu rico dinheirinho reduzido muitas vezes. É neste momento que esta palavra mágica – Liquidez – é tão importante. Liquidez é o grau de velocidade para converter um ativo por dinheiro, sem perda significativa do seu valor. Ao solicitar o resgate de um fundo DI, o prazo é D+0, o que significa que o saldo estará disponível na sua conta no mesmo dia. No Tesouro direto, o prazo é D+1 e na B3, o prazo é D+2, significando dois dias úteis para o valor da venda de ações estar disponível para resgate.

Dito isso e considerando que é prudente você alocar parte dos seus recursos em renda fixa, que pode ser pública ou privada, vamos ver as opções mais conhecidas do mercado. Antes de as apresentar, gostaria de destacar dois conceitos que serão úteis:

- Prefixado – Rentabilidade conhecida **no momento da contratação** do investimento.
- Pós-fixado – Rentabilidade será conhecida **no futuro** porque a remuneração sempre estará atrelada a um índice.
- Tributação regressiva do Imposto de Renda – quanto **mais tempo** o dinheiro permanecer aplicado em um investimento, **menor será o imposto pago**.

Renda Fixa Pública – Títulos públicos – Você empresta dinheiro para o governo

- Tesouro Selic – São títulos pós-fixados que possuem rentabilidade diária e estão atrelados à taxa Selic. Risco – Baixo. Tributado pela tabela regressiva do Imposto de Renda. Liquidez Alta (D+1). Caso resgate o valor dentro dos primeiros 30 dias de investimento, deverá pagar IOF.
- Tesouro Prefixado - Risco – Médio. Tributado pela tabela regressiva do Imposto de Renda. Liquidez Alta (D+1). Existem títulos com ou sem juros semestrais.
- Tesouro Pós-Fixado – Notas do Tesouro Nacional série B NTN-B, cuja rentabilidade é vinculada à variação do IPCA + juros definidos no momento da compra. Utilizado para poupança a longo prazo. Risco – Médio. Tributado pela tabela regressiva do Imposto de Renda. Liquidez Alta (D+1). Existem títulos com ou sem juros semestrais.

Um título público é emitido pelo governo e, quando você o adquire, está emprestando dinheiro para o governo que, em troca, irá lhe pagar juros. Na data de vencimento do título, o governo paga valor investido com os ganhos que vocês combinaram na data da compra. O Tesouro Nacional é o emissor dos títulos mais seguros do mercado porque são do governo o qual entendemos que seria o último ir à bancarrota no caso de um colapso total de todo o sistema financeiro.

Para a reserva de emergência, os especialistas indicam o Tesouro Selic, um Fundo DI ou CDBs que paguem acima de 100% e que tenham alta liquidez. Eu e o Jean investimos em títulos públicos para criar um equilíbrio, visto que somos muito posicionados em renda variável, então temos parte em Selic e parte em fundo DI, em corretoras diferentes.

Os outros títulos, prefixado e pós-fixado tinham alta demanda enquanto as taxas de juros estavam atrativas, o que não ocorre atualmente. Quando a taxa de juros estava em patamares elevados, os investidores bem orientados utilizavam os títulos do tesouro para conseguirem ganhos antes do vencimento, fazendo resgates antecipados e usufruindo de um mecanismo denominado marcação a mercado. Por exemplo, um investidor que tinha um título com vencimento em 2035 e percebia que em certa data de 2018 havia uma possibilidade de vender o título ganhando mais do que ganharia no vencimento devido à marcação a mercado, vendia o título, obtendo um ganho acima do que teria caso carregasse o título até o vencimento.

Eu utilizo o IPCA+ 2045 como uma reserva de acumulação para a aposentadoria, mas confesso que ando desanimada em fazer novos aportes por causa da baixa taxa de juros.

Renda Fixa Privada – Títulos privados – Você empresta dinheiro para os bancos ou outras instituições financiarem algum tipo de atividade financeira, imobiliária, de agronegócio, entre outros.

Alguns conceitos importantes:
- CDI – Índice econômico com rentabilidade similar à Selic. Muitos títulos pós-fixados têm a sua rentabilidade atrelada ao CDI.
- Fundo Garantidor de Crédito (FGC) – Protege recursos aplicados até o valor de R$250 mil, por CPF ou CNPJ e por instituição financeira. O teto de proteção para o mesmo CPF/CNPJ em diversas instituições é de R$ 1 milhão a cada 4 anos. Nem todos os títulos de renda fixa privados possuem garantia do FGC.

Na prática, vamos supor que você possui R$700 mil para investir em renda fixa privada. Considerando que o teto de proteção é de R$1 milhão a cada 4 anos, o ideal é que você distribua o montante em títulos de três instituições diferentes, por exemplo: 250 mil reais em um CDB de um banco, 250 mil em um CRI de outra instituição e 200 mil em uma LCA de outro banco. Se você colocar os R$700 mil reais em uma única aplicação, você terá garantia somente de R$250 mil, mesmo que o teto seja de R$ 1 milhão.

Investidores buscam por aplicações de instituições bancárias para obter um melhor retorno financeiro, mas é preciso analisar se a aplicação possui a proteção do FGC ou se o banco emissor possui solidez/credibilidade. Também é importante analisar qual é o valor mínimo da aplicação, como será a tributação do investimento e se existe prazo de carência para resgatar o dinheiro. Abaixo os principais títulos privados do mercado:
- **CDB** – Certificado de Depósito Bancário cuja taxa de rentabilidade é conhecida no momento da contratação do investimento. CDBs de bancos menores tendem a oferecer taxas mais atrativas. Risco Baixo (garantido pelo FGC) e Rentabilidade Baixa. Tributado pela tabela regressiva do IR. Liquidez Variável.
- **LCI** – Letra de Crédito Imobiliário – Risco Baixo (garantido pelo FGC) e Rentabilidade Baixa. Isento de IOF e IR. Liquidez Variável.
- **LCA** – Letra de Crédito do Agronegócio – Risco Baixo (garantido pelo FGC) e Rentabilidade Baixa. Isento de IOF e IR. Liquidez Variável.

Obs.: Por serem isentas de Imposto de Renda, as LCIs e LCAs costumam ser mais interessantes do que os CDBs em termos de rentabilidade. Entretanto, essas aplicações exigem prazo de carência para resgate, geralmente de 90 dias.
- **LC** – Letra de Câmbio – Emitida por financeiras, possui câmbio no nome, mas não é atrelada a nenhuma transação cambial. Risco Baixo e Rentabilidade Média. Tributado pela tabela regressiva do IR. Liquidez Variável

Os próximos investimentos de Renda Fixa possuem maior rentabilidade, mas o risco é mais elevado:

- **Debêntures** – Emitido por empresas de sociedade anônima, instituições não-financeiras. Risco Alto e Rentabilidade Média-Alta. Tributado pela tabela regressiva do Imposto de Renda (Debentures Incentivadas de Infraestrutura são isentas de IR). Liquidez Baixa.
- **CRI** – Certificado de Recebíveis Imobiliário – Risco Alto e Rentabilidade Média-Alta. Isento de IOF e IR. Liquidez Baixa
- **CRA** – Certificado de Recebíveis Agrícola – Risco Alto e Rentabilidade Média-Alta Isento de IOF e IR. Liquidez Baixa

Em se tratando de um título privado, as instituições usualmente não oferecem a possibilidade de pagar um valor melhor no caso de venda antecipada, o que significa que, se você comprar um título de banco ou financeira, o melhor é você carregá-lo até a data de vencimento.

23 – O BÊ-A-BÁ DO MERCADO DE AÇÕES

Vamos supor que você concluiu todas as etapas do seu dever de casa, desde zerar suas dívidas até destinar um valor adequado para o seu fundo de emergência. Você entende que é chegado o momento de investir em renda variável e deseja saber como começar. Pois bem, antes de entrarmos nos pormenores desta modalidade de investimentos, quero que você assimile uma regra de ouro para o seu sucesso na bolsa que é: **Comece Pequeno**.

Não importa se você possui dois mil ou cem mil reais para aplicar na bolsa; você necessariamente precisa começar pequeno para se aclimatar. Como assim? Você precisa adquirir um certo grau de tolerância à volatilidade, vivenciar na prática as oscilações diárias do home broker, e aceitar com serenidade os momentos em que o seu montante total, ou seja, o seu dinheiro, decresce 2, 5, 7 porcento (ou mais), antes de retornar a um patamar de lucratividade.

Recentemente, eu orientei um membro da minha família em sua estreia na bolsa, dando as mesmas orientações que estou explanando neste livro. Ele começou com uma quantia razoável dentro do que eu admito ser começar pequeno: R$5.000,00, os quais subdividiu em lotes de três *small caps* e uma *blue chip*. Nos dois dias seguintes, ele começou a me falar repetidamente (para não dizer obcecadamente) sobre duas empresas varejistas e sobre o quanto suas ações subiam diariamente. Entusiasmado, no terceiro dia, ele colocou R$7.000,00 em uma delas. Este foi o momento em que eu o alertei novamente sobre começar pequeno, o que de nada adiantou, pois, nos dias seguintes, ele comprou mais ações de outras três empresas. Todas as operações foram feitas em um prazo de sete dias. Por ter se empolgado ao ver a rentabilidade da minha carteira em 2019, que nada mais é do que um retorno passado, ele quis surfar a onda. Entretanto, ele não esperava que o mês de janeiro de 2020 fosse ser tão tumultuado nos mercados globais como foi; muito menos imaginava o impacto negativo que o novo Coronavírus causaria sobre os índices das bolsas do mundo todo.

Na mesma semana em que efetuou suas primeiras compras, o mercado virou tal como a maré diante de uma tempestade e, em um dia, ele viu o seu capital aumentar em R$500,00, em seguida, diminuir em R$1.200,00, depois menos R$1.500,00 e, a partir deste momento, ele parou de me contar as desventuras de sua carteira. Assim como todos nós, ele e o seu patrimônio sobreviveram, mas, caso ele tivesse começado pequeno como foi orientado a fazer, o seu debut na renda variável teria sido menos traumático. Sendo assim, conceda-me um voto de confiança perante o meu conselho de começar pequeno.

A título de esclarecimento preliminar de qualquer dúvida que você possa ter, vou descrever em poucas linhas a diferença entre Bovespa, B3 e Ibovespa. Bovespa é Bolsa de Valores de São Paulo, uma instituição centenária fundada em 1890, onde são negociados os ativos das empresas brasileiras de capital aberto. Em 2008, a Bovespa se fundiu com outra bolsa, a BM&F (Bolsa de Mercadorias e Futuros), formando a BM&FBovespa. Em 2017, uma nova fusão, entre BM&FBovespa e a CETIP (Central de Custódia e Liquidação de Títulos) originou a B3 (Brasil, Bolsa e Balcão).

Sendo assim, pode-se dizer que a B3 é uma integração de todas as bolsas no Brasil (inclusive a do Rio de Janeiro, que está inativa) e é a 5ª maior bolsa do mundo. No entanto, mesmo sendo uma única bolsa, todas as empresas que se fundiram continuam atuando nos seus respectivos segmentos, cada qual negociando ativos, contratos ou títulos diferentes; por isso, existe uma certa confusão quando se fala Bovespa ou B3.

Ibovespa (IBOV), por sua vez, é o índice de referência que calcula a média de desempenho de um grupo de ativos, formado pelas empresas mais representativas da bolsa de São Paulo, através de um sistema de pontos baseado em reais. Cada ponto corresponde a 1 real e a atualização dos pontos é feita em tempo real, de acordo com um cálculo que multiplica a cotação de cada ação que faz parte do índice pela quantidade de ativos que integram o grupo de empresas selecionadas para fazer parte do IBOV. Quando você é informada pelos órgãos de imprensa que a bolsa bateu um recorde de, por exemplo, 100 mil pontos, na verdade é o Ibovespa que atingiu tal patamar.

Na sua rotina como investidora da bolsa, o IBOV vai ser o seu parâmetro para perceber se a bolsa está em queda ou em alta, se você deve fazer algum investimento ou aguardar um momento mais propício.

Vamos imaginar que, quando você estiver lendo este livro, o Ibovespa esteja em 140 mil pontos. Existe um antigo princípio que diz: **compre na baixa e venda na alta**. Independentemente da sua estratégia, **você deve se nortear por esta regrinha**.

Então vamos imaginar um cenário de bolsa a 140 mil, com a economia brasileira apresentando números excelentes, a atividade econômica prosperando e o governo aprovando reformas importantes. Nesse cenário, a bolsa galga para 154 mil pontos, uma variação positiva de 10%. Você olha o seu app ou o home broker da sua corretora e percebe que a bolsa está em alta e a sua carteira apresenta uma significativa rentabilidade. Nesse momento, quem deseja vender parte de suas ações para realizar lucro, rebalancear a carteira ou por qualquer outro motivo, deve fazê-lo.

Em uma situação inversa, suponhamos que aconteça algo negativo no Brasil ou no exterior que impacte o mercado e a bolsa caia de 140 para 133 mil pontos. Nesta hora, você pode ver a situação de três maneiras: 1) **com pânico**, imaginando um cenário caótico de perdas e decida se desfazer das suas posições mesmo com prejuízo; 2) **com cautela**, sem fazer nenhum movimento e atenta ao que acontecerá nos próximos dias para tomar uma posição; ou 3) **com interesse em fazer novos aportes**, enxergando a situação como uma oportunidade de comprar mais ações de boas empresas a preço descontado.

Os maiores investidores do mundo, em diversos momentos de suas vidas, optaram pela situação três, em especial Warren Buffett, autor da celebre citação "*Be afraid when others are greedy. Be greedy when others are afraid*" (Tenha medo quando os outros estão gananciosos. Seja ganancioso quando os outros estão com medo). Seguir neste plano de ação depende de tantos fatores e é tão pessoal que eu nunca daria tal conselho a você, pois não sei o seu momento de vida, suas necessidades e as suas finanças.

A crise do Coronavírus massacrou as bolsas do mundo todo. Quando começou, em fevereiro, eu vendi todas as ações de construtoras da carteira, pois a queda estava se acelerando e ainda tínhamos lucro. Se tivesse bola de cristal, teria vendido todas as nossas ações para recomprar depois, bem mais barato. Algumas ações que temos caíram 50% e outras caíram para 1/3 do valor. Todas se recuperaram, não 100%, mas digamos, uns 70% do valor anterior, após três meses da queda. Nós seguramos firme o baque, com muito estômago, mas ainda assim, com tranquilidade, pois tínhamos ouro, que valorizou muito, e reserva.

Quando eu reforço que você precisa ter as suas reservas de emergência e de liquidez, penso exatamente nos momentos de baixa da bolsa. Ao ter um montante garantido para ser utilizado em situações inesperadas (reserva de emergência), sua tolerância perante as oscilações do mercado será maior e você não se desesperará, colocando os seus ativos à venda a qualquer preço.

Ao ter um valor para ser estrategicamente alocado (reserva de liquidez), você poderá ir às compras nos momentos de baixa e fazer ótimas operações que alavancarão a rentabilidade futura da sua carteira. Os investidores bem preparados sempre encontram opções lucrativas, seja em tempos de *Bull* ou de *Bear Market*. Mas, afinal, o que vem a ser isso? Estou me referindo ao touro (*bull*) e ao urso (*bear*) e para entender o que eles têm a ver com seu futuro financeiro, quero rapidamente citar como é o desempenho de todas as bolsas e, especificamente, como foi o desempenho da bolsa desde a década de 60. Uma característica, comum a todas as bolsas mundiais, é a seguinte:

- **A bolsa não sobe em linha reta** – se você observar o gráfico de 1 dia, 1 mês, 1 ano ou até mesmo 30 anos de um índice da bolsa de valores, perceberá que o mesmo nos remete a um eletrocardiograma, com oscilações ascendentes e descendentes, crescendo em picos, ou como eu gosto de dizer, aos soluços.

Durante sua existência, a bolsa brasileira teve cinco grandes ciclos de alta sendo que, antes da crise do novo Coronavírus, estávamos no 5º ciclo, iniciado em 2016. O aspecto interessante de cada um desses movimentos é que, sempre após um grande ciclo de crescimento, a Bovespa teve um acentuado período de declínio, mas, sempre se recuperou e retornou ao movimento ascendente.

É neste sentido que existe um ditado bastante difundido entre os investidores que diz que **a Bolsa tira dos impacientes e transfere para os pacientes**. Quem arou o terreno, plantou as sementes e preparou as bases da sua vida financeira com conhecimento, recursos e autocontrole, suporta os momentos de turbulência do mercado. Naturalmente, sofre como todo mundo sofre, mas resiste e colhe os frutos no futuro. Obviamente, é preciso ter uma estratégia e isso depende de estudo e de assessoria capacitada.

Quando um mercado vem de um período de grande baixa, acima de 20% e começa a subir e atinge um patamar de alta acima de 20%, dizemos que o mercado entrou em **Bull Market**. O *Bull* é o touro e ele simboliza o ciclo de alta porque o touro é um animal que ataca o seu oponente impondo o seu chifre para o ar. Não é por acaso que em Wall Street, Nova York, centro financeiro mais conhecido do mundo, foi colocada a estátua de um grande touro. Nenhum analista pode dizer com certeza, quando a bolsa começa a subir, que estamos entrando em *Bull Market*, somente após se atingir a marca de 20% de alta. Em 2019, a Bovespa subiu 31,5%, e entrou em *Bull Market,* ao passo que, no ano de 2020, até o início de abril, a bolsa havia acumulado uma queda de 36,89% no ano, o que significa, **Bear Market**, pois caiu para um patamar abaixo de 20% de queda. O *Bear Market*, simboliza o declínio através do urso, que ataca o seu oponente golpeando suas patas para baixo.

Agora, quero que você preste bastante atenção, pois o que direi a seguir é o tópico mais importante deste capítulo. O que temos observado, após a queda vertiginosa das bolsas em 2020, é uma recuperação dos mercados em V. Neste momento, você pensa: agora ela quer confundir sem explicar? O que é esta bendita recuperação em V?

Calma. Acompanhe comigo e você irá entender. O índice Ibovespa partiu no início do ano de 2020 do patamar de 116 mil pontos, com o "estouro da crise do novo Coronavírus, o índice caiu até 62 mil e, poucos meses depois, voltou ao patamar de 100 mil pontos. Uma curta recuperação, nunca vista antes e totalmente incsperada para a quase totalidade dos analistas econômicos.

Perceba que essa euforia não reflete o cenário de desemprego, das empresas que fechando e nem da incerteza econômica. A recuperação se deu devido aos incentivos que os bancos centrais injetaram nas economias. Contudo, e este é o motivo de eu insistir na estratégia de que você deve investir com responsabilidade, é possível que vivamos um período difícil em breve. Veja o que disse o CEO do banco JPMorgan em entrevista, em julho de 2020:

"Esta não é uma recessão normal. A parte recessiva disso veremos no futuro. Veremos o efeito desta recessão. Não veremos imediatamente por causa de todo o estímulo".

Por isso, eu defendo a tese de que devemos investir na renda variável com sabedoria, escolhendo somente as melhores empresas, aquelas que serão resilientes no "novo normal". Precisamos também estar diversificados. Por isso, leia novamente o capítulo em que falo sobre o perfil do investidor. Esboce a sua pizza de investimentos. Aloque o seu capital em diversos tipos de investimento. Seja sábia.

O que é necessário para começar

Ação é uma fração de uma empresa, e acionista é o proprietário de ações. Você se tornará sócia de uma empresa ao comprar uma ou mais ações, e poderá ter rentabilidade de duas formas: crescimento da companhia, com decorrente crescimento do valor de suas ações, e recebimento de parte de seus lucros, através do pagamento de dividendos.

Esquematicamente, podemos definir em 5 passos, o processo de começar a investir em ações, os quais analisaremos no detalhe neste e nos próximos capítulos. São eles:

1. Definir qual será a corretora de sua preferência para abrir conta;
2. Fazer o cadastro na corretora de sua escolha;
3. Transferir o dinheiro da conta de sua titularidade para a sua conta na corretora;
4. Definir a sua estratégia de investimento em ações;
5. Acessar o home broker e enviar as ordens de compra.

A corretora é a instituição financeira que irá fazer a ponte entre você e os investimentos, não somente em ações, mas também em títulos públicos e privados, fundos, proteções como o ouro e investimentos no exterior.

Você pode ter conta em diversas corretoras, de acordo com as suas necessidades, visto que nem todas oferecem a mesma gama de produtos e serviços. Além disso, as corretoras possuem perfis distintos, sendo algumas voltadas para o público de alta renda, investidores qualificados, *traders*, entre outros. Possuo conta em três corretoras, que são: **Easynvest**, na qual concentramos ações e renda fixa; **Vitreo**, onde possuímos cotas de fundo de ações de empresas estrangeiras, fundo DI e fundo de ouro; e **Avenue**, para investimentos em ações na bolsa americana.

Mais importante do que tomar uma decisão baseada nos custos das taxas, é a escolha de uma instituição que tenha: boa reputação dentre os seus usuários, uma diversificada gama de produtos de renda fixa e de fundos, e uma plataforma fácil de operar e que seja estável, ou seja, que não apresente um alto índice de indisponibilidade de sistema, o famoso "sistema travado". A reputação é importante porque sinaliza se a corretora oferece um correto atendimento ao cliente, solução de problemas, além de confiabilidade. Um *home broker* estável é essencial porque, ao realizar as suas operações, muitas vezes o fator tempo pode ser determinante para lucro ou prejuízo. Se o sistema trava e você não consegue enviar uma ordem de compra ou venda ou se o sistema rejeita uma ordem sem motivo plausível, você pode perder uma operação que seria importante para a sua carteira.

Ao operar na bolsa, não importando se seja para a compra de uma ação ou de diversos lotes de ações, você deverá pagar as taxas da sua corretora, caso sejam aplicadas, e a taxa da BM&FBovespa. As corretoras fazem a cobrança de taxas de corretagem, custódia e emolumentos. Algumas corretoras oferecem taxa zero para diversos serviços, tais como operações de *day trade* ou taxa de administração do Tesouro Direto, **mas nem sempre não cobrar taxa é sinônimo de prestar um bom serviço** e é exatamente neste ponto que você deve ser bastante criteriosa. Vamos comprar alguns dados relativos às corretoras mais conhecidas no Brasil.

Comparativo Corretoras
Nota Reclame aqui/ Nota Consumidor

XP.................................. 8,4 / 7,6
RICO............................... 8,8 / 7,93
EASYNVEST   8,6 / 7,74

BTG......................... 9,0 / 8,53
MODAL MAIS.................. 7,6 / 6,12
CLEAR...................... 7,5 / 6,39

Comparativo Corretoras
                 Taxa compra ações/ordem

XP......................... R$18,90
RICO....................... R$10,00
EASYNVEST.................. R$2,49 (mercado fracionário) e R$4,99 (lote padrão)
BTG........................ R$7,90
MODAL MAIS................. R$2,49
CLEAR...................... R$0,00

Por fim, um aspecto que considero importante é selecionar a corretora que tenha um enfoque voltado para o seu perfil. Não estou falando no sentido de conservador, moderado ou arrojado e sim no que tange a uma assessoria voltada para clientes da sua faixa de renda e/ou necessidades. Uma das corretoras mais conhecidas do Brasil é a XP, cujo foco é voltado para o investidor de classe A+. A Rico, que pertence ao grupo XP, é voltada mais para o médio e pequeno investidor. Também pertencente ao mesmo grupo está a Clear, favorita de muitos investidores que praticam *day trade*, por não cobrar taxa para essa transação.

Para abrir a sua conta é bastante simples, basta ter documentos pessoais escaneados no seu computador e preencher o questionário de perfil de risco. Menores de idade podem ter conta em corretora, desde que enviem a documentação do responsável. Contudo, deverão ter uma conta bancária aberta no próprio nome (da criança) para transferir dinheiro para a corretora. É interessante ter uma conta aberta no nome dos seus filhos porque não é possível transferir ações de uma pessoa para a outra e eles somente herdarão o seu patrimônio investido após o seu falecimento, tendo de pagar tributos sobre a herança.

Após análise e aprovação do cadastro, você deverá fazer uma TED (Transferência interbancária) da conta bancária de sua titularidade para a conta em seu nome na corretora. Caso a sua conta seja conjunta, é possível utilizá-la para a transferência e, neste caso, você deverá seguir rigorosamente os dados especificados pela corretora, pois, fazendo de modo incorreto, o sistema não detectará que você é a titular, a TED será rejeitada e o dinheiro voltará para a sua conta do banco. Caso a informação sobre TED de conta conjunta não venha no e-mail preliminar da corretora, solicite os dados no chat ou procure no site.

Assim que os fundos chegarem à sua conta na corretora, você pode começar a comprar e vender ações. Antes disso, porém, você deve ter a sua estratégia de investimento elaborada, e é isso o que veremos a seguir.

24 – DEFININDO ESTRATÉGIA E CARTEIRA DE AÇÕES

Cara futura investidora, de todos os conselhos que eu possa lhe oferecer, espero que você aceite o seguinte como um dos mais importantes: **Não se aventure no mercado financeiro sem uma estratégia consistente e alinhada com os seus recursos e objetivos.** Dito isso, quero elencar alguns tópicos para auxiliar na elaboração do seu plano de ação.

Utilizar assessoria ou agir em carreira solo - Uma coisa é certa, palpites não faltarão, seja através de familiares, amigos ou conhecidos, seja através de vídeos e fóruns, bem como aqueles advindos de carteiras recomendadas por artigos jornalísticos e pela sua corretora. Você pode decidir montar o seu portfólio com a assessoria de um especialista, que é a minha recomendação, ou estudar o mercado e definir você mesma a sua gama de investimentos. Caso opte pela primeira opção, existe uma infinidade de bons profissionais e empresas. Lembre-se de verificar se o profissional escolhido possui as certificações necessárias e é credenciado na CVM, estando assim apto à prestação desse serviço.

No caso de optar pela carreira solo, ou seja, ser a única responsável pela escolha dos ativos onde aplicará o seu patrimônio, meu conselho é que você **invista tempo e dinheiro**.

Tempo - na observação diária do comportamento dos mercados, leitura de relatórios de especialistas da área, e análise dos balanços divulgados na área de relação com os investidores dos sites das empresas;

Dinheiro - em livros e cursos focados no mercado de capitais.

Mesmo que você conte com orientação especializada, eu considero que o *masterplan*, ou seja, o plano diretor de atuação será de sua responsabilidade. Estará nas suas mãos definir os setores em que deseja investir, o número de ações de sua carteira, o seu grau de exposição a riscos e o percentual de patrimônio a ser aplicado.

Quantas ações deve ter a carteira - Uma dúvida comum tanto entre investidores iniciantes quanto entre aqueles com uma certa experiência é a respeito do número de ações que a carteira deve conter. Adianto que não existe uma regra e que a decisão é totalmente subjetiva e discricionária de cada investidor. As carteiras sugeridas por diversas corretoras, bancos e empresas de consultoria costumam ter 10 ativos. Algumas pessoas chegam a ter 50 ativos, mas eu considero essa estratégia temerária, visto que existe uma abismal diferença entre diversificar a sua carteira e pulverizá-la. Diversificação é mandatório, mas se você formar uma carteira com 50 ações, você está pulverizando o seu patrimônio, não conseguirá acompanhar as informações atualizadas de todas as empresas e algumas delas podem estar sobrecarregando a carteira negativamente, dando prejuízos, os quais serão "ocultados" pela compensação dada pelo lucro de outros ativos.

Na minha opinião, um número bom está entre 8 e 12, chegando a no máximo 15 ativos, considerando que você gerenciará a sua carteira sozinha, sem ter uma equipe que acompanhe as informações e relatórios para você.

Luiz Barsi, o maior investidor pessoa física da bolsa brasileira, investe há 50 anos e possui 33 ações. Além de Barsi estar presente no dia a dia das suas operações e conhecer muito bem cada empresa que compõe o seu portfólio, ele possui uma equipe, entre eles, sua própria filha, formada em economia e que atua diretamente na análise criteriosa do patrimônio investido do pai.

Outra dúvida comum é quantas ações se deve comprar logo que se inicia na bolsa. Ainda falando em Barsi, sua filha Louise e dois sócios comandam um projeto chamado Ações Garantem o Futuro – O Jeito Barsi de Investir. O projeto tem uma regra para o número de ações em carteira baseado no número de anos em que a pessoa está na Bolsa multiplicado pelo número 3. Nesse raciocínio, se uma pessoa investe há três anos na bolsa, ela deveria ter 9 ações. Consequentemente, o investidor iniciante estaria posicionando em no máximo três ativos em seu primeiro ano na B3. Me lembro que, quando iniciei, eu comprei ação de uma empresa no primeiro mês. No mês seguinte, comprei de outra e segui devagar. Quando iniciei a carteira da minha mãe, comprei ativos de duas companhias no primeiro mês e, no mês seguinte, aportei nas mesmas e comprei mais uma empresa. Como disse anteriormente, não há regra e sugiro que comece devagar e vá sentindo a temperatura do mercado, aprendendo um pouco a cada dia.

Quais setores escolher - Aplicar o seu capital em setores da bolsa nos quais você acredita faz parte da coerência da sua estratégia de investimento. A bolsa brasileira é composta por empresas dos mais variados setores econômicos, sendo que somente entre as companhias que compõe o índice Ibovespa, observamos uma representatividade de 24 segmentos distintos, entre eles financeiro, bens industriais, consumo cíclico – comércio, consumo não cíclico – bebidas, telecomunicação, Petróleo, gás e serviços, saúde, e a lista segue com mais uma variedade de atividades empresariais.

Para auxiliar no seu processo de seleção de ativos da sua carteira, considero importante que você conheça as categorias de empresas classificadas por Peter Lynch. O investidor americano foi o gestor, entre 1977 a 1990, do fundo *Fidelity Magellan Fund*, considerado o maior fundo de ações do mundo. Lynch obteve uma taxa média anual de retorno de 29,7% por sua carteira, um resultado excelente. Ele defende que você invista no que você conhece e subdividiu as empresas em seis grupos e, na sua carteira de investimentos, você provavelmente terá dois, três ou mais destes tipos de empresas.

Se o seu alvo é multiplicação de capital a curto prazo, possivelmente boas opções seriam empresas de **Crescimento Rápido**, que se expandem a taxa superior a 20% ao ano e que apresentam possibilidade de se multiplicarem por 10 vezes pela capacidade de criarem negócios de alta performance e replicáveis em rápida expansão. Exemplos: Movida, Localiza, Netflix, Amazon.

Outro grupo que costuma entregar bons resultados em certos períodos é o das empresas **Cíclicas**, que, como o nome já diz, variam de acordo com ciclos. Segmentos como os de varejo, automóveis e construção civil, setor aéreo, turismo e commodities são exemplos de empresas que tem os seus negócios movimentados em ciclos e que, quando a economia entra em recessão, se contraem, e quando economia reage positivamente, são as primeiras a demonstrar a retomada da atividade econômica. Após sair de períodos de recessão rumo a ciclos de atividade econômica fortalecida, o preço das ações de empresas cíclicas tende a subir mais rápido os papéis de outras empresas listadas na bolsa, tanto em escala de valor/ação, quanto em valor/tempo. Novamente, é necessário estudo e cautela ao investir em empresas cíclicas devido à volatilidade do papel. Exemplos: Gol, Azul, CVC, Petrobrás, Vale, Gerdau, MRV, Helbor, Cyrela.

Por outro lado, se o seu objetivo é investimento focado em longo prazo e o seu desejo é estar posicionada em empresas maduras e com maior estabilidade no mercado, naturalmente você irá selecionar empresas de **Crescimento Lento**, se expandem de modo lento e que crescem alinhadas com o crescimento do PIB. Essas companhias são focadas na distribuição de dividendos regulares para seus acionistas. Exemplos: Transmissão Paulista, Cemig, Taesa, Sabesp, Sanepar, Copasa, Ecorodovias, CCR.

Também detentoras de uma posição de maior solidez estão as empresas de **Crescimento Médio**, que são companhias com negócios de grande escala, gigantes em seus setores, as quais chamamos de Blue Chips. Ter esse tipo de empresa em carteira garante, não somente crescimento de capital, mas também proteção durante períodos de instabilidade econômica e recessão. Exemplos: Itau, Bradesco, Santander, Ambev.

O próximo tipo de empresa não é o da minha preferência, o que não quer dizer que você deva evitá-lo, muito menos que eles não possam trazer lucratividade. Pelo contrário, diversas empresas dos grupos abaixo fizeram investidores se tornarem milionários. Contudo, lembre-se que alto ganho quase sempre está associado a alto risco. As empresas *Turnaround ou* **Recuperação** passaram por problemas financeiros ou de gestão sérios, a ponto de quase falirem, depois atingiram um ponto de virada e começam a reagir. O maior exemplo é a Magazine Luiza, que chegou a custar 80 centavos e galgou posições até chegar ao preço de R$200,00 a ação. Atualmente, as apostas estão em Via Varejo, que teve uma boa retomada, e uma tese de altíssimo risco está em OI, que ainda não mostrou a virada que os investidores aguardam. Eu e o Jean chegamos a ter Via Varejo por um tempo, o que significa que, apesar de não gostar de apostar em *turnarounds*, nunca digo que desta água não beberei.

Por fim, temos o sexto tipo que são as empresas de **Ativos Ocultos**, que são companhias que possuem algum ativo valioso ainda ignorado pelo mercado. Esse ativo é um diferencial competitivo como dinheiro, terrenos, galpões, marcas, patentes entre outros.

A oportunidade de crescimento pode surgir, mas é preciso que o investidor tenha conhecimento da existência do ativo e paciência para aguardar eventuais lucros.

Não compete a mim dizer que um tipo é o melhor para você, dado que cada grupo tem as suas vantagens e desvantagens, e a opção por um ou outro depende dos seus objetivos. Mais uma vez, reforço a tese da diversificação, que oferece a possibilidade de você ter um pouco de cada um desses tipos em sua carteira e, através de análises periódicas, rebalancear e detectar situações em que é o momento de vender determinados ativos e realizar os lucros. É sempre bom ter uma *Blue Chip* na carteira, assim como é muito interessante investir em *Small Caps*. Falando nisso, quero lhe apresentar esses dois conceitos.

Blue Chips **ou** *Small Caps* – Você precisa ter um pouco das duas, não só por diversificação, mas por rentabilidade. *Blue Chips* são as *Big Ones*, empresas gigantes com valor de mercado acima de 15 bilhões. No meio termo temos também as *Mid Caps*, empresas que valem entre 7 e 15 Bi. As Small Caps, valem entre 3 e 7 bilhões e são as preferidas dos investidores que buscam resultados rápidos por serem companhias que estão na fase de crescimento, com maior potencial de ganho do seu capital investido juntamente com a expansão da empresa. Por fim, temos as *Micro Caps*, empresas pouco líquidas (mais difíceis de vender), mais arriscadas e mais voláteis (podem subir muito com a bolsa positiva, mas tendem a despencar durante crises). Ao montar o seu mix, não se esqueça de adicionar alguma empresa pagadora de dividendos. Você vai notar que o preço das ações pagadores de dividendo é mais lateralizado, mas se você definir uma política regular de acumulação, em alguns anos você terá um salário fixo vindo da distribuição de lucros das empresas do qual se tornará sócia.

Lote Padrão ou Mercado Fracionário - Funciona da seguinte maneira: vamos supor que você queira comprar ações da SulAmérica, código SULA11, que é uma grande empresa do setor de saúde e seguros. Estimando uma cotação de R$50,00 por ação, 1 lote de 100 ações custará R$5.000,00. Mas vamos imaginar que você não disponha ou não tenha interesse em investir todo esse montante em SULA11. Neste cenário, você irá ao mercado fracionário e poderá comprar quantas ações desejar, entre 1 e 99.

Ações de uma empresa individual ou ETFs - Outra maneira de investir em ações é através do investimento em ETFs. O que vem a ser isso? Um ETF, que vem do inglês é *Exchange Trade Fund*) é um fundo de ações na bolsa. Você pode investir no ETF BOVA11, que é replica o índice Bovespa, sendo assim, você investirá em todas as ações que compõe a carteira teórica do IBOV juntas, como em um pacotão. Na composição do fundo, no mínimo 95% são ações do IBOV ou posições compradas no mercado futuro do índice. Os outros 5% podem incluir ações ou outros ativos que não sejam o IBOV. Se você gosta de *Small Caps,* existe também um ETF focado nelas, o SMAL11. Investir em *ETFs* pode ser uma alternativa caso você queira começar e ainda não se sinta suficientemente segura para escolher empresas únicas para aportar o seu patrimônio.

Ações Ordinárias ou Preferenciais – Ao comprar uma ação, por exemplo da Itausa, você encontrará os *tickers* (códigos das ações) ITSA3 e a ITSA4. As ações com final 3 são denominadas ordinárias e o seu associado tem direito a voto nas assembleias (cuja relevância depende do número de ações) e garantia de proteção aos sócios minoritários em caso de mudança na composição dos sócios majoritários. As ações de final 4 não dão direito a voto, mas possuem preferência na distribuição de dividendos e prioridade no recebimento do seu capital em caso de falência da empresa.

Trades curtos ou investimentos de longo prazo – Dependendo da sua vocação, você pode operar no mercado de diversas formas. O *Day Trader* é aquele que faz operações diárias, comprando e vendendo a mesma ação no mesmo dia, preferencialmente com lucro. É muito difícil ser um *trader* bem-sucedido e estudos apontam que 95% deles amargam prejuízos constantes. Mas o 5%, ah, estes ficam ricos. Entre os ninjas do home broker existem também os *Scalpers*, que concluem operações em poucos minutos para chegar ao resultado desejado.

Outra técnica interessante é o *swing trade*, que consiste em comprar ações para revendê-las dentro de alguns dias, semanas ou até meses. O meu objetivo com as *small caps* é o swing trade, comprando ações baratas e com potencial, aguardando a valorização e vendendo-as no topo. Mas, no fim das contas, a minha vocação é ser *Buy and Holder,* que como o nome já diz, é alguém que compra e segura seus ativos por longos períodos, preferencialmente anos. É o espírito de construir um patrimônio com ações sólidas de boas empresas.

Análise Técnica ou Fundamentalista – A análise técnica ou gráfica estuda os gráficos das movimentações das ações, examinando tendências, volume e preço, tendo objetivos específicos como trades e pontos de entrada/saída do papel. A análise fundamentalista estuda a empresa com uma visão macro, objetivando definir o valor da companhia e seu potencial mercadológico, através do exame dos fundamentos qualitativos e quantitativos, de sua saúde financeira e posicionamento de mercado. A análise fundamentalista é amplamente utilizada pelos investidores adeptos do *buy and hold*, focados em um posicionamento como sócios em detrimento a uma postura especulativa.

Participar ou não de um IPO - Empresas abrem capital, ou seja, deixam de ser privadas e passam a ser pública, através de uma oferta pública de ações *IPO (Inicial public offer)* para vender parte de suas ações a novos acionistas. A participação em IPOs precisa ser estudada com critério, visto que nem todas as ações dão o retorno desejado e em algumas modalidades a companhia insere condições que impedem o comprador de vender o ativo por determinado prazo. Em abril de 2019, a Centauro lançou-se no mercado com valor de ação a R$12,50 e rendeu mais de 200% até o final do ano. O banco BMG, por sua vez, abriu capital em outubro do mesmo ano ao preço de R$11,60 e fechou o ano com perdas de -12,2%. Tenho lido relatórios de algumas casas de análises, divulgados previamente aos *IPOs* e as orientações sobre participar ou não têm sido bastante assertivas, de modo que novamente reforço a importância de contratar uma assessoria especializada.

25 – COMO USAR O HOME BROKER E NEGOCIAR AÇÕES

Você abriu sua conta na corretora, fez a TED, enviou o dinheiro e pensa: e agora o que eu faço? Antes de tratarmos da mecânica de enviar uma ordem de compra ou venda, gostaria que você assimilasse o raciocínio ideal para entrar neste mercado como uma investidora competente.

Vamos imaginar que a sua despensa e geladeira estejam vazias e você decida ir ao mercado fazer compras. Você faz uma lista e estabelece um valor de quanto gostaria de gastar. Ao chegar na seção de frutas, nota que o abacate está muito caro, precificado acima do valor habitual. Por ser uma boa economista doméstica, você deixa de comprar o abacate e busca por um substituto entre as frutas da estação que estejam com um preço justo e de acordo com o seu orçamento.

O mesmo *mindset* deve ser utilizado na bolsa de valores. **Em primeiro lugar, não se deve comprar com afobação, no calor das emoções.** Isto é a mesma coisa de ir ao mercado com fome. Quanto mais fome, mais gastos sem critério. Quando se vai ao mercado de barriga cheia, as compras são feitas com racionalidade. Você deve abrir o seu home-broker desprovida de emoções como excitação, empolgação ou senso de urgência. Você não precisa comprar aquela ação naquele momento nem se exasperar caso os números estejam subindo centavo por centavo diante dos seus olhos. Tenha calma.

O que você precisa compreender é que, todos os dias, a bolsa lhe apresentará algumas opções de ativos a preços descontados. Frequentemente, quando uma ação sobe muito e com grande velocidade, o mercado faz correções, que são nada mais que dar uns passos para trás; o preço da ação recua um pouco e este pode ser o seu ponto de entrada. **Mindset da compradora de ações que sabe enriquecer: adquirir ativos das melhores empresas pelo menor preço.**

O raciocínio inverso é utilizado quando você já detém um ativo. Seu alvo é a melhor rentabilidade: em se tratando de um trade, é o melhor preço de venda; em se tratando de uma crise ou um abalo de mercado, é nunca entregar os seus ativos por qualquer preço, "de mão beijada". **Mindset da vendedora de ações que sabe enriquecer: nunca perder dinheiro e buscar o maior preço de venda.** Especificamente quando se trata de uma crise que afeta o mercado como um todo, faz-se necessário o entendimento da diferença entre preço e valor. Por algum fato alheio à companhia, o preço de suas ações pode sofrer um decréscimo, o que não quer dizer necessariamente que a empresa perdeu os seus fundamente, deixou de ser um negócio bem administrado, lucrativo, enfim, tenha perdido o seu valor. Dito isso, tenha sempre em mente: **preço é diferente de valor**.

Ao acessar o site da corretora, você deverá procurar pelo botão home broker, que estará na seção de investimentos em renda variável. Você usa o home broker para enviar ordens de compra ou venda e suas ordens serão executadas quando o sistema encontrar um comprador ou vendedor interessado no valor que você estipulou. Sua tarefa inicial será digitar o código do ativo para ver como está a negociação, oferta versus demanda. Vamos usar a Itausa (código ITSA4) como exemplo. Na imagem abaixo, temos um espelho das ofertas ativo no mercado padrão em determinado horário do dia 21 de fevereiro de 2020. Note que para visualizar o book de ofertas do **fracionário**, você precisa inserir o **F maiúsculo** após o código.

Exemplo ordem de compra de 1000 ações

Do lado esquerdo, onde marquei com o numeral 1, estão as ordens de compra: CC = corretora, QTD = quantidade de ações que a pessoa deseja comprar; COMPRA = valor que o comprador estipulou para compra de cada ação. Do lado direito, onde marquei com o numeral 2, estão as ordens de compra: CV = corretora, QTD = quantidade de ações que a pessoa deseja vender; VENDA = valor que o comprador estipulou para venda de cada ação. Comumente, existe uma diferença de preço entre a ação no lote padrão e no fracionário e esses valores variam de acordo com o apetite dos negociadores e volume de negociação. Não existe regra, e o preço no fracionário pode ser mais alto ou mais baixo, depende do momento.

O passo seguinte é enviar a ordem de compra e eu sempre gosto de deixar a caixa de ordem aberta ao lado do book de ofertas. Retorne à imagem e confira a simulação de compra de 1000 ações de Itausa (lembrando que você pode comprar qualquer quantidade, mas, se for entre 1 e 99, você precisa colocar o F, no caso ITSA4F). Eu analisei as ofertas e notei (olhando as quantidades) que existem mais ações à venda do que interessados em comprar. A cotação no momento é R$12,81, mas eu decido colocar um valor mais baixo, no caso, R$12,70. A minha ordem vai entrar em uma fila, na qual tem prioridade as ordens de compra com preço mais alto e as que chegaram primeiro. Note que a oferta mais alta é R$12,80. Se eu colocasse R$12,79, a minha ordem ficaria em segundo lugar. Se eu fosse ansiosa e quisesse comprar imediatamente, era só colocar o preço pedido R$12,81.

Perceba que na ordem de compra existe uma caixinha chamada validade. Você pode escolher se a sua ordem valerá para o dia (hoje) ou para um período mais longo. Eu utilizo uma validade maior, pois tenho como padrão colocar um valor mais baixo do que a cotação do momento. Há algum tempo eu descobri que o Warren Buffett utiliza o mesmo método; ele estipula um valor que ele considera justo, envia a ordem e deixa a operação acontecer no seu tempo. Tem sido a melhor estratégia e sempre as minhas ordens têm sido executadas, exatamente devido à volatilidade do mercado. O outro ponto positivo é que eu não fico ligada na tela do home broker, alimentando ansiedades. Eu envio o meu pedido de compra, no valor que eu acho coerente, desconecto do sistema e vou cuidar da minha vida.

Outro mecanismo de grande importância para proteção do patrimônio investido é o Stop Loss ou Stop Gain. É uma ordem, que pode ser de compra ou venda que basicamente manda executar uma operação em determinado valor do ativo. Eu utilizei o Stop Loss algumas vezes, e ele é ativado quando o mercado ou o ativo começa a sofrer uma queda e você não quer ficar no prejuízo. Então você insere um valor que, assim que for atingido, irá disparar uma ordem de venda.

- Preço de Disparo - valor fixado pelo investidor como o preço a partir do qual a ordem de compra ou venda será enviada para a bolsa,
- Preço de Venda - valor limite que o investidor está disposto a vender, valor de fato da sua ordem de venda.
- A ordem poderá ou não ser executada

Contudo, você precisa ter ciência de que, caso o ativo caia muito abruptamente de valor, a sua ordem pode não ser executada, porque caiu tanto ou já abriu em queda, que simplesmente "pulou" muito abaixo do valor do disparo. Outro detalhe que aconselho a ficar atenta é não colocar uma diferença muito grande de valor entre o preço de disparo e o preço de venda. Eu me lembro de ter lido em uma explicação de corretora que eles tentam vender pelo melhor preço possível entre o valor de disparo e o valor de venda. Mas, sinceramente, tenho a impressão de que isso não ocorre na prática e já vi ativo meu ser vendido direto pelo preço de venda, e tive a impressão de que a cotação não chegou ao preço de venda, ou seja, vendi a preço de banana. Enfim, use o Stop, mas com estratégias bem definidas.

Ao vender uma ação, o prazo de liquidação é D+2, e isso quer dizer que o dinheiro estará disponível na sua conta para resgate após 2 dias úteis. Isso vale para resgatar o dinheiro da sua conta na corretora para a sua conta do banco e para aplicar em certos ativos, como por exemplo o Tesouro Direto. Entretanto, para comprar outras ações o dinheiro estará disponível imediatamente, de modo que você poderá investir de modo contínuo, o que é muito bom. O importante é não deixar o dinheiro parado na conta da corretora e fazê-lo girar sempre e a seu favor.

26 – MEU MÉTODO PARA FAZER RENDA EXTRA COM AÇÕES

Um dos pilares do enriquecimento é a geração de renda, e venho gerando renda extra semanalmente com *trades* de curto prazo. Depois da crise do Coronavírus, precisamos assumir uma postura bastante estratégica ao investir em renda variável, pois o risco aumentou consideravelmente. Não sabemos o que virá no futuro, nem como as economias irão se comportar no médio prazo. Portanto, precisamos ser conservadores e escolher ações de empresas sólidas e que nos deem um grau de segurança um pouco maior. Faz-se necessário assumir um comportamento seletivo e fazer o *stock picking*, que é selecionar ações com potencial de render mais do que a média do mercado, mas que apresentem um risco menor. Você pode até colocar uma parte menor de dinheiro em uma ação mais arriscada, mas será uma parte pequena do capital.

Durante a crise, eu me desfiz de algumas ações e mantive somente as que considero bastante potenciais na carteira Buy and Hold, ou seja, na carteira que desejo carregar por um prazo mais longo. E reservei um capital para fazer dinheiro com *trades*. Para adotar este método e não ter dor de cabeça no caminho, você vai seguir, obrigatoriamente, duas premissas:

- Somente utilizar para os *trades* um valor em dinheiro que não lhe fará falta alguma nos próximos meses;
- Começar pequeno, com pouco dinheiro para treinar e assimilar as armadilhas e potenciais do mercado.

Não importa se você tem R$5.000,00 ou R$200.000,00 disponíveis para trades. Se você não sabe nada, você vai começar pequeno. Se você tiver somente R$500,00, tudo bem, já consegue movimentar e aprender. Somente não aconselho valores menores, tipo Cem reais, devido ao custo das taxas, que irão inviabilizar o lucro no curto prazo. Contudo, um valor que eu considero bom para começar é R$2.000,00 pois, se você fizer uma operação visando um ganho de 5%, ganha R$100,00. Pode parecer muito pouco para quem tem uma grande soma de dinheiro, iniciar com Dois mil reais, mas, confie em mim quando digo que você precisa aprender muita coisa antes de colocar valores maiores nas operações.

Em relação ao prazo da operação, eu não tenho nada contra o *Day Trade*, que é a compra e venda do mesmo ativo no mesmo dia (vender e comprar novamente também é *Day trade*). Mas prefiro o *Swing Trade*, no qual compro e vendo com a diferença de poucos dias. Vamos ao passo a passo, que eu vou explicitar juntamente com as minhas regras de ouro.

Regra nº 1 – Você precisa ter um bom app para acompanhar o mercado. O app que eu uso é o Investing.com. Nele, você tem um panorama do mercado, consulta gráficos e pode montar uma carteira com suas ações favoritas para acompanhar.

Regra nº 2 – Saber a hora de comprar é essencial para o sucesso da operação. Para você ter lucro rápido, você não pode comprar no preço topo da ação, você tem de comprar no fundo. Toda semana, ocorre pelo menos um dia em que eu e o Jean chamamos de *Red Day*. É aquele dia em que as bolsas ficam em baixa, vermelhas, por algum motivo de mercado, político ou por simples realização de lucros. Esses são os dias de comprar. Entretanto, você pode encontrar ótimas oportunidades de compra no decorrer de um dia. Observe na imagem abaixo os gráficos de Via Varejo e note como a ação oscilou e as oportunidades que ela ofereceu.

Como você pode ver, a pessoa que se atentou para a oscilação de Via Varejo e comprou na baixa, tem uma maior chance de ter lucro no curto prazo. Os *day traders* usam essas oscilações para finalizarem suas operações com lucro no mesmo dia. Você deve estar se perguntando se precisará ficar o dia todo na frente do computador para fazer isso e, provavelmente, você trabalha e não tem este tempo. Bem, eu não fico. Eu mencionei no capítulo anterior sobre colocar uma ordem de compra ou venda no preço desejado e ficar livre para fazer outras atividades.

Você pode acompanhar a cotação pelo app da investing.com e comprar pelo app da sua corretora no celular ou comprar pelo computador. Eu achava que comprar pelo celular era algo esquisito e incerto, mas funciona perfeitamente e é bem fácil.

Quando você aguarda alguns dias para concluir uma operação, existe a chance, caso o mercado esteja positivo e a ação em um ciclo de alta, de você conseguir uma lucratividade maior. Volte novamente na imagem anterior, observe o gráfico semanal de Via Varejo e perceba o preço de compra do dia 17/06/2020 e o preço de venda do dia 21/06/2020. Eu simulei esta operação na planilha de trades. Esta planilha, que eu e o Jean criamos e que uso diariamente para os meus trades, eu irei compartilhar, gratuitamente, para que você possa fazer as suas operações.

Percebeu o lucro excelente que uma pessoa poderia ter tido de uma sexta para uma terça feira, comprando a um preço bom e colocando uma ordem de venda no momento certo? Na simulação, o montante investido de R$1.912,48, rendeu um lucro de R$ 287,52.

Regra nº 3 – Nunca, jamais, concentrar todo o seu dinheiro em uma única ação. Se você começar com menos de Hum mil reais, eu acho melhor comprar somente uma ação, por causa das taxas. A partir desse valor, diversifique para não sofrer. Renda variável, varia, e não existe nada mais doloroso do que ter todo o seu dinheiro preso em uma ação que entrou em um ciclo de baixa. Acredito que ter até quatro ações para operações de trade é uma quantidade ideal, porque se uma ou duas não estão o resultado no tempo desejado, você tem a possibilidade de fechar no positivo com as outras duas. Possibilidade... em renda variável, tudo se foca em possibilidades, ok? Neste raciocínio, caso você tenha R$ 40 mil para investir, pode alocar R$ 10 mil em cada ativo (depois de ter errado e acertado com os R$ 2 mil iniciais).

Regra nº 4 – Não ter a boca grande. Essa regra é importantíssima e tem a ver com controlar a sua ganância. Ações normalmente se comportam com oscilações para baixo e para cima no seu caminho de valorização ou de desvalorização. Vamos imaginar um cenário: você comprou alguns lotes de ação ao preço de R$5,20, estudou o comportamento naquele dia e verificou que ela teve uma variação de R$ 5,18 até R$5,45 e fechou em R$5,27. Seu ego ganancioso diz para você colocar uma ordem de R$5,50 para o dia seguinte. Você coloca e já sonha os lucros, mas, no dia seguinte, a ação vai até R$5,43 e desce novamente. Mais um dia passa, e a ação cai mais um pouco. Se o ciclo de baixa persistir, você pode ficar presa. Então, não seja gananciosa.

Se você quer lucrar a curto prazo, observe a oscilação dos dias anteriores e sempre insira uma ordem com um valor um pouco mais baixo do que o topo. Eu já cometi todos os erros que hoje se tornaram as minhas regras. Eu já fui gananciosa e fiquei três semanas com R$12.000,00 presos em uma ação, por uma diferença de 2 centavos acima do valor que a ação atingiu. Logo após, iniciou-se um ciclo de baixa, eu continuei gananciosa e, quando acordei, não dava para vender mais sem ter prejuízo, e eu tive de esperar. Por isso, não tenha boca grande e queira "papar" todo o lucro. Pense que, se você ganhar algo em torno de 3% ou até mesmo 5%, já terá sido uma ótima rentabilidade.

Regra nº 5 – Às vezes, sair no zero a zero pode ser o melhor negócio. Muitas vezes, você tem uma expectativa de ganhos em um ativo que não se efetiva no prazo que você deseja. O preço simplesmente não sobe, lateraliza e você está perdendo dias preciosos, nos quais poderia estar ganhando dinheiro em outro lugar. Não é vergonha ou erro encerrar uma operação no zero a zero, vendendo sem ter tido lucro. Se aquela ação não está tendo o desempenho esperado, venda-a e vá buscar oportunidades em outros ativos.

Regra nº 6 – Nunca venda uma ação no prejuízo. Estou assumindo que você absorveu bem a informações de que a bolsa tira dos impacientes e transfere para os pacientes. Isto quer dizer que, se você se desesperar e vender no prejuízo, não trilhará o caminho do enriquecimento. Alguns *traders* trocam um ativo no qual estão tendo um pequeno prejuízo para recuperar em outra oportunidade e isso é uma estratégia. Porém, quando o montante da perda se torna significativo, sua única opção é respirar e aguardar. Não siga a manada desesperada e entregue o seu patrimônio para outros a preço de banana.

Regra nº 7 – Não importa se a ação tem valor monetário baixo ou alto, o que importa é o lucro em percentual da operação. Com Dois mil reais, você pode comprar mais de 1.400 ações de OI ou cerca de 20 ações de Magazine Luiza. Não importa a quantidade, o que importa é o percentual de rentabilidade, e 5% de 2.000 é 100, independentemente de serem 1000 ou 10 ações, compreende? Então, o que você deve focar é em comprar ativos de qualidade, de empresas resilientes e rentáveis. Como encontrar tais empresas? Certamente não através de dicas de amigos, fóruns ou vídeos. Vou defender, até a última página, que você tenha a assessoria de um profissional certificado.

Vamos ver na prática como funciona a dinâmica de uma operação, analisando um *print* da tela do meu *home broker*. No capítulo anterior, a imagem foi do *home broker* clássico da Easynvest e o modelo abaixo é o *home broker* novo, mais simplificado.

Home Broker Novo Easynvest

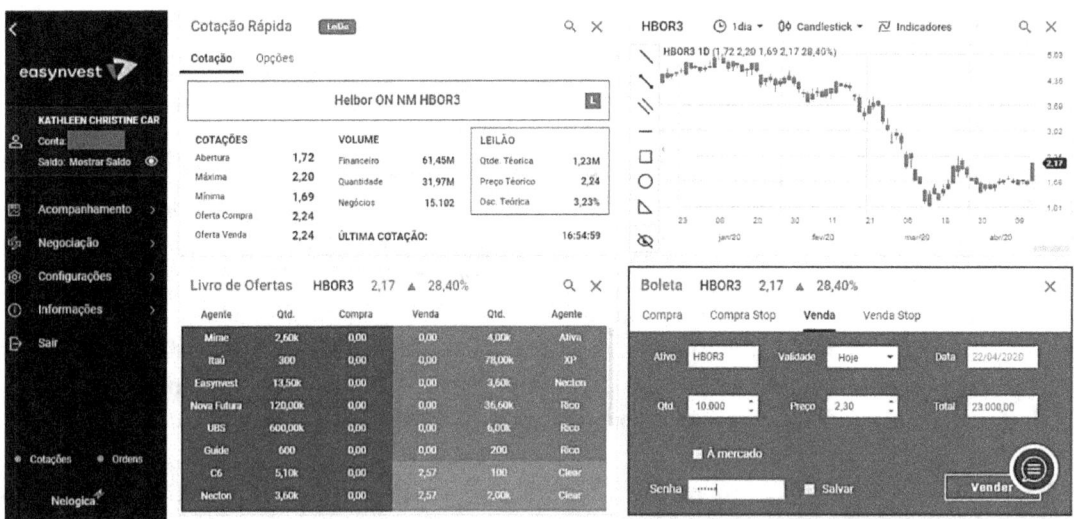

No exemplo acima, eu estava interessada em vender Helbor (HBOR3). A cotação do dia anterior era R$2,17 e no leilão (que começa um pouco antes da abertura e que pode se estender por alguns minutos após as 10:00 h) a ação estava cotada em R$2,24. Então, pelo comportamento da ação nos dias anteriores e pelo crescimento na semana, eu entendi que ela tinha chances de alcançar os R$2,30 que foi a ordem de venda que eu coloquei na Boleta.

Na boleta, depois que você colocar valor, quantidade e prazo, confira tudo antes de clicar em vender ou comprar. Não se afobe, não corra. Digo isso porque eu já vendi quando queria comprar e, obviamente, além de ficar sem as ações que eu tinha, as vendi por um preço mais barato do que a cotação do momento. Isso se deu por afobação. Você não vai cometer esses erros porque eu já os cometi e estou usando os meus anos de experiência para ensinar você.

Quando você tiver conferido tudo e clicar em vender ou comprar, a sua ordem irá para outra caixinha do home broker, chamada lista de ordens. Nesta lista, existem vários status, de acordo com as operações em andamento ou realizadas. São eles:

- Aberta - ordens abertas ainda não atingiram o preço de compra ou venda estipulado;
- Executada – Bingo. Ordem executada é porque alguém comprou as ações que você estava vendendo pelo preço que você estipulou ou o contrário, alguém vendeu ações para você;
- Cancelada - Algumas vezes, eu cancelo alguma ordem porque: desisti da compra ou venda; desejo alterar o valor da ordem; ou porque pretendo alterar a quantidade de ações que irei comprar ou vender;
- Rejeitada - ordem é rejeitada quando o investidor não tem dinheiro suficiente; por um erro no sistema da corretora; ou por ter inserido a ordem em um horário em que o pregão estava fechado.

Pronto. Nas páginas acima eu detalhei o meu básico do dia a dia para operações na bolsa e tudo o que eu sigo, ensinei a você. Claro que eu sou humana, o que faz com que, às vezes, eu cometa um deslize. Mas, quando coloco o "vacilo" em perspectiva, percebo que o cometi por ter falhado em cumprir alguma das minhas regrinhas. Se você as seguir, suas chances de ser bem sucedida nas operações serão potencializadas. O assunto é muito denso, muitas informações para serem absorvidas, não é mesmo? Mas não se preocupe se você ainda está confusa pois eu tenho mais um presentinho para lhe auxiliar.

Eu preparei um eBook com mais imagens de operações e de utilização da planilha de trade. Ele é todo colorido e você conseguirá visualizar bem as operações. Você irá baixá-lo no meu site. Lembrando que são três documentos que eu vou enviar:

- Planilha de orçamento familiar;
- Planilha de trades;
- Ebook de operações com ações na bolsa de valores.

Para isso, você irá ao meu site **www.kathleenmacedo.com** e, na página de contato, você deverá preencher o formulário com o assunto: Arquivos do livro. Se tiver qualquer dificuldade ou se nenhuma resposta chegar até você, use o e-mail **kathleen@kathleenmacedo.com**. Não se esqueça de colocar o assunto no e-mail ou no formulário. Não envie seu pedido por formulário e e-mail ao mesmo tempo. Use o formulário prioritariamente.

Espero que você tenha gostado dos ensinamentos e que faça bom proveito deles. Agora vamos dar um passo adiante, conhecendo maneiras de investir no exterior.

27 – A IMPORTÂNCIA DE TER ATIVOS NO EXTERIOR

A partir do momento em que a sua carteira se tornar mais robusta e consolidada, você naturalmente sentirá a necessidade de diversificar mais o seu portfólio, tanto para agregar maior proteção, quanto para explorar novos nichos potenciais para multiplicar o seu capital. Um deles é o investimento em ativos no exterior. Além de atrelar parte do seu patrimônio a uma moeda forte, cujo mercado seja menos volátil, estudos econômicos sinalizam que existe uma real possibilidade de aumento na rentabilidade da carteira.

A casa de análise **Nord Research**, em uma simulação em parceria com a empresa **Economatica**, no artigo 'Diversificar é preciso' (autor: Cesar Crivelli, em 25/01/2020) apresentou uma análise sobre investir somente na bolsa brasileira ou diversificar com ativos americanos. Foram considerados 4 cenários: uma carteira composta por 100% de capital investido na Bovespa e as demais com parte do capital no Ibovespa e parte na bolsa americana, especificamente em ativos do S&P 500, com composição de 10, 20 e 30 por cento, respectivamente.

Os resultados mostraram que, quanto maior foi a fatia investida no S&P 500, maior foi a rentabilidade da carteira.

- Carteira 100% Ibovespa - gerou um retorno de 69%;
- Carteira de 10% S&P 500 + 90% Ibovespa - gerou retorno de 118,8%;
- Carteira de 20% S&P 500 + 80% Ibovespa - gerou retorno de 169,0%;
- Carteira de 30% S&P 500 + 70% Ibovespa - gerou retorno de 219,2%.

É interessante destacar que muitas das empresas presentes na bolsa de valores americanas fazem parte da nossa vida. Talvez você use **Uber** para se deslocar e existe uma grande chance que você goste de assistir a séries na **Netflix** tanto quanto eu gosto ou mesmo ler um bom livro, comprado na **Amazon**. Se não tem, certamente conhece os celulares da **Apple** e os notebooks da **Dell**. Pode ser que o seu desejo para uma próxima viagem seja a **Disney** e esteja pesquisando preços de passagens no **Google**. Todas as empresas que eu destaquei em negrito se fazem presentes na bolsa americana. Se elas já fazem parte da sua vida, por que não algumas delas não poderiam fazer parte dos seus investimentos? Vamos então entender melhor as principais bolsas e índices americanos.

A maior bolsa do mundo é a NYSE, New York Stock Exchange, localizada em Wall

Street. Assim como a Bolsa de São Paulo utiliza o índice Ibovespa, a NYSE utiliza alguns índices de referência: O Dow Jones Industrial Average, o NYSE Composite e o S&P500. O S&P 500 (Standard and Poor's 500) lista as 500 empresas mais importantes da bolsa de Nova York. Para estar na lista, as empresas precisam cumprir algumas exigências, entre elas, possuir valor de mercado superior a 4 bilhões e apresentar alta liquidez.

Outra bolsa, da qual você possivelmente já deve ter ouvido falar, é a NASDAQ, voltada para empresas de tecnologia, que tem como índices principais o Nasdaq Biotechnology, Nasdaq Composite e Nasdaq 100. O índice Dow Jones, por sua vez, lista as 50 empresas mais importantes da bolsa de NY e da Nasdaq.

Historicamente, a população americana investe em ações em múltiplos bem mais elevados do que a população brasileira. Enquanto menos de 1% dos brasileiros investem na bolsa, 55% dos americanos afirmaram investir em ações no ano de 2019. Nossa bolsa possui um número de mais de 300 empresas listadas, o que é relevante. Contudo, somente a bolsa de Nova York possui 2.800 companhias listas e a NASDAQ possui mais de 3.300 empresas. É um mercado maduro e vale a pena você estudá-lo para uma futura inserção de uma fatia do seu portfólio neste mercado globalizado.

Diferença de compra de ações no Exterior – Aqui no Brasil, o investidor tem a opção de comprar uma ação no mercado fracionário ou lote padrão. Caso não tenha interesse ou disponibilidade financeira para comprar o lote de 100 ações, o investidor tem a opção de comprar qualquer número de ações entre 1 e 99 no mercado fracionário.

Nos Estados Unidos, o conceito de fracionário é diferente porque as ações são bem mais caras, de modo que, quando o investidor não consegue comprar 1 ação inteira, ele compra uma fração desta, detendo o direito de parte de uma ação. Tomemos como exemplo uma ação da Amazon, que custa mais de R$8.000,00 uma única ação (cotação julho 2020). Caso não queira comprar a ação inteira, existe a possibilidade de o investidor comprar uma parte, vamos supor, 1/3 da ação da Amazon. O ganho de capital será proporcional e caso ocorra pagamento de dividendos, o investidor receberá proporcionalmente à fração que possui.

Como começar a investir em ativos listados nos EUA – Uma possibilidade é comprar o ETF IVVB11, que replica o S&P 500 e é negociado na B3. Você pode comprar o ETF no seu home broker, colocando uma ordem de compra, da mesma forma executa uma operação para ações. Atente-se apenas que o IVVB11 possui taxa de administração de 0,24% ao ano e que ETF não paga dividendo.

Você pode também investir através de fundos multimercados que tenham um percentual de sua composição em ativos no exterior e que são oferecidos por corretoras brasileiras. Alguns fundos são voltados apenas para investidores qualificados, que são aqueles que possuem mais de 1 milhão de reais investidos, mas existem diversas opções para todos os portes de investidores, com aportes mínimos entre R$5.000,00 e R$10.000,00.

No entanto, se o seu interesse for operar por conta própria, o caminho será abrir conta em uma corretora americana. Ao contrário do que a maioria pensa, investir no exterior é fácil, visto que algumas corretoras permitem que brasileiros não residentes nos Estados Unidos abram contas, além de terem simplificado o processo para pequenos e médios investidores externos. Eu possuo conta em uma dessas corretoras, posso atestar que o procedimento de abertura de conta é bastante simples, e selecionei três delas para exemplificar alguns dos serviços que você deverá comparar ao escolher uma empresa para custodiar os seus ativos.

Assim como nas corretoras brasileiras, é interessante verificar se a plataforma é de fácil utilização e se os preços dos serviços são adequados ao volume de operações que você irá executar. Algumas empresas cobrarão taxa mensal de custódia e outras não; da mesma forma, algumas empresas irão requerer um valor mínimo de investimento e outras não. Abaixo estão três corretoras que permitem que não residentes nos EUA abram contas. Entre as três, a única que possui site e suporte em português é a Avenue.

Corretora Drivewealth
Depósito mínimo: Não
Taxa compra Ações:
- ação fracionada = US$0,99/ordem
- ação inteira = US$2,99/ordem
- Atendimento de um corretor de ações por telefone = US$10,00

Transferência de dinheiro:
- Depósito - wire transfer
- Retirada - taxa de US$35,00

Abertura de conta:
- Rg, cpf ou passaporte
- Comprovante endereço
- Taxa única US$5,00 (formulário w-8ben)

Corretora Avenue Securities
Depósito mínimo: não
Taxa compra ações:
- Ordem até US$1000 = US$2,50
- Ordem até US$1000 = US$5,00
- Ordem acima US$2000 = US$10,00

Transferência de dinheiro:
- Depósito - TED em reais p/ conta no Brasil câmbio feito no site corretora
- Retirada - taxa de US$80,00

Abertura de conta:
- Rg
- Taxa única US$2,00 (formulário w-8ben)

Corretora TD Ameritrade
Depósito mínimo:
- Operações online = US$5,00
- Operações mais complexas = US$2.000,00

Taxa compra ações:

- Ordem online - 0
- Voice mail - US$5,00
- Corretor - US$25,00

Transferência de dinheiro:
- Depósito - wire transfer
- Retirada - taxa de US$25,00

Abertura de conta:
- Social security ou itin
- Passaporte ou nº do visto americano
- Dados do empregador

Eu escolhi a Avenue Securities para ser a minha corretora devido à abertura de conta simplificada, no qual todo o processo pode ser feito em poucos minutos. A Avenue, sediada em Miami, foi criada por um brasileiro e oferece tanto o site quando o atendimento de suporte em português. Ela utiliza a plataforma da DriveWealth com taxas de operação acessíveis. Outro motivo para a minha escolha foi a maneira descomplicada de enviar o dinheiro.

Para enviar dinheiro para iniciar os seus negócios, normalmente você utiliza os serviços de uma corretora de câmbio para fazer transferências internacionais e o montante a ser transferido sofre incidência de IOF (0,38%), do câmbio (normalmente chamado de spread), e possivelmente, de tarifas bancárias e/ou administrativas, variando a cada prestador de serviço. A Avenue possui uma conta em um banco brasileiro e você faz uma TED em reais e, posteriormente, faz o câmbio no site da corretora. É uma boa opção, mas acho que você deve analisar todas a fim de definir qual é a melhor para você. Aproveitando a oportunidade, gostaria de informar que não possuo vínculo (comissão) para indicação de nenhuma das corretoras que mencionei. Minha intenção é meramente compartilhar a minha experiência como investidora.

Dito isso, gostaria de informar também que, nos Estados Unidos, as ações dos investidores são custodiadas no nome da corretora e não na bolsa de valores no nome do investidor, ao contrário do que ocorre no Brasil. Mas não se preocupe, pois a corretora fica com a custódia da ação e você fica registrada como beneficiária final no escriturado. Outro ponto de atenção é verificar no site da corretora se ela é registrada nos órgãos regulatórios, principalmente no FINRA (Financial Industry Regulatory Authority) e no SIPC, que oferece uma garantia de até 500 mil dólares para o caso de a corretora falir. O SIPC protege os cidadãos e os não cidadão americanos, residentes ou não residentes, contra a perda de dinheiro e valores mobiliários – como ações e títulos – mantidos por um cliente em uma corretora.

Por fim, lembre-se que, ao investir no exterior, você deverá declarar seus investimentos no seu Imposto de Renda aqui no Brasil, e que investidores que possuam mais de 100 mil dólares em bens ou investimentos no exterior devem comunicar anualmente ao Banco Central, através do preenchimento do DCBE (Declaração de Capitais e Bens no Exterior). Na minha experiência, digo que investir no exterior é necessário para qualquer investidor que tenha uma carteira em expansão, que garante sim, aumento de rentabilidade, e que faz parte da saudável diversificação do portifólio, a qual tantas vezes mencionei (e incentivei) neste livro.

28 – FUNDOS IMOBILIÁRIOS VALEM A PENA?

Quando falamos de fundos, o primeiro conceito que você precisa absorver é que, ao investir neste tipo de aplicação financeira, você estará terceirizando a gestão do seu capital para outra pessoa, no caso, um gestor. Entre as vantagens, estão a possibilidade de usufruir da *expertise* de um profissional capacitado e de obter rentabilidades acima dos principais índices do mercado. Entre as desvantagens, estão: custos de administração e outras taxas, riscos de mercado, baixa performance ou má gestão.

Cada fundo possui um nicho de atuação, tais como, fundos de renda fixa, fundos DI, multimercado, ações, ouro, câmbio e imobiliário, sendo estes últimos os mais populares entre os investidores que iniciaram na renda variável nos últimos cinco anos. Cada nicho detém um grau de risco associado, sendo mais seguros e conservadores os fundos de renda fixa e multimercado, e os fundos de ações e imobiliários estão posicionados entre os que apresentam maior risco.

Ao aplicar o seu capital em um fundo imobiliário, também chamados de FIIs, você se tornará um cotista, adquirindo uma ou mais cotas, que são uma fração de participação no investimento global. Uma característica atrativa dos FIIs é a possibilidade de participar com baixos valores. Pelo seu home broker você pode comprar cotas dos mais diversos negócios, sendo a maioria das cotas precificada na casa dos R$100,00.

A popularização dos FIIs se deu exatamente devido ao baixo valor inicial necessário para investimento, aliado à alta rentabilidade que o IFIX, índice do setor, alcançou em 2019. Antigamente, nós tínhamos a cultura de investir em imóveis para geração de renda e visando um fluxo de proventos na aposentadoria. Eu mesma tinha um plano de investir em imóveis comerciais, com o intuito de construir um patrimônio focado no longo prazo. O meu pensamento mudou, pelo menos por enquanto; penso agora nas vantagens dos fundos imobiliários em relação à aquisição de um imóvel físico e me decidi pela primeira opção.

Basta raciocinar que, ao comprar um imóvel, você assume uma série de compromissos financeiros e atribuições de curto e médio prazo, tais como: custos de transferência e escritura, gestão de contratos de aluguel, tratativas com inquilinos, reformas, pagamentos de taxas extras no condomínio e riscos de inadimplência e vacância. Além disso, você precisa despender uma alta soma monetária para a compra do imóvel, sem ter certeza se obterá a rentabilidade desejada com a revenda ou aluguel.

Os fundos imobiliários também possuem risco de inadimplência, vacância e o pagamento de algumas taxas, mas as vantagens, a meu ver, se sobrepõem às desvantagens. Basicamente, você será um dos "proprietários" de vários imóveis, receberá aluguéis mensais e ainda poderá lucrar com a valorização das cotas, sem ter de se preocupar com a gestão, que será delegada a um profissional habilitado. Esse gestor irá adquirir os ativos, que podem ser nos mais diversos segmentos: lajes comerciais, galpões, shopping centers, universidades, hospitais, hotéis, entre outros.

Em termos de rentabilidade, ao comprar um imóvel para alugar, o investidor costuma receber uma remuneração em torno de 0,37% a 0,43% do valor do imóvel ao mês. Em contrapartida, os ganhos com os dividendos de fundos imobiliários giram em média entre 0,65% a 0,8% ao mês, e este recebimento é isento de imposto de renda, ao passo que um aluguel de imóvel próprio sofre a incidência de IR.

Outra vantagem é a liquidez que, no caso dos FIIs, tende a ser mais alta do que a de um imóvel físico. Muitos imóveis são anunciados para a venda e ficam meses sem serem vendidos, devido aos mais diversos motivos, desde alto preço pedido até recessão da economia. A probabilidade de fazer um negócio com uma cota de fundo imobiliário é maior e a maioria deles é muito líquida, com rápida negociação na bolsa de valores e prazo de resgate curto, tipo D+2.

Imóvel Físico
- Alto valor inicial de investimento;
- Custos transferência e escritura;
- Aluguel sobre incidência IR;
- Custos com reformas;
- Lidar com Inquilino;
- Rentabilidade entre 0,37% a 0,43% /mês;
- Risco inadimplência e vacância;
- Baixa Liquidez (difícil de vender).

Fundo Imobiliário
- Cotas a valor acessível;
- Taxas Adm. performance e outras;
- Imóveis de alto padrão;
- Aluguel isento de IR;
- Sem preocupação com gestão dos imóveis;
- Ganhos com aluguéis e valorização cotas;
- Rentabilidade entre 0,55% a 0,80% /mês;
- Risco inadimplência e vacância;
- Alta Liquidez.

Você encontrará diversas opções de FIIs para investir, não somente nos segmentos imobiliários, mas também em tipologias de investimento. Além de fundos que investem em imóveis físicos, os chamados FIIs **Tijolo**, o mercado apresenta opções de investimento na modalidade **Papel** – títulos de Renda Fixa ligados ao setor, tais como LCIs, fundos de **Desenvolvimento** – construção e fundos que investem em outros fundos e fundos **Híbridos**, cujas carteiras são um mix entre imóveis, títulos e/ou cotas de outros fundos. Considerando que estamos falando de um ativo de renda variável, é interessante diversificar, adquirindo cotas de mais de um fundo (tipos e setores diversos).

Desempenho de Alguns FIIS (lembrando que retorno passado não garante retorno futuro)

RDES11 – Lajes Corporativas – cota = R$78,99 – Dividend Yield (12 meses) = 18,32%

RBDS11 – Residencial – cota = R$46,50 – Dividend Yield (12 meses) = 17,81%

BRCR11 – Híbrido – cota = R$111,57 – Dividend Yield (12 meses) = 15,41%

TRNT11 – Lajes Corporativas – cota = R$240,00 – Dividend Yield (12 meses) = 4,42%

1. Dividend Yield (Rendimento de Dividendo) - Indicador que mede a performance do investimento baseado nos proventos pagos aos cotistas.
2. Data de referência dos valores: 20/02/2020

Sobre a tributação, os dividendos são isentos de incidência de imposto. Para que isso ocorra, é preciso o cumprimento de três condições: 1) que o investidor possua no máximo 10% de cotas do FII; 2) que o fundo tenha ao menos 50 cotistas (pessoa física) e 3) que as cotas sejam negociadas na bolsa de valores ou no mercado de balcão. Contudo, haverá incidência de 20% de IR sobre o lucro obtido na venda das cotas.

Desde que você mantenha as cotas na sua carteira e continue aportando, você pode construir uma fonte de renda permanente. A escolha sobre quais fundos aportar deve ser feita seguindo a orientação de um analista especialista em fundos e nunca se orientando somente pelo preço da cota, pelo segmento de atuação ou pela rentabilidade passada.

29 – ARMADILHAS QUE PODEM CAUSAR PREJUÍZOS

Perder o controle das suas emoções – Somos humanos de carne e osso, não de plástico, então é natural que nos deixemos levar pela emoção, ao operarmos na renda variável. Sentir emoção é uma coisa, deixar-se dominar é completamente diferente – e prejudicial – para a sua saúde financeira. Tais sentimentos podem ser individuais ou coletivos e penso que o perigo maior é quando estes se tornam coletivos, formando o efeito manada (onde hordas de investidores seguem "enlouquecidas" comprando ou vendendo) e você decide seguir a onda. Especialistas mapearam a escala de sentimentos que se sucede de acordo o ciclo do mercado, como se fosse uma montanha russa de emoções:

Subindo a montanha russa: **Otimismo – Entusiasmo** (o mercado se aquecendo) – **Excitação – Euforia** (preço das ações no pico mais alto e de maior risco);

Do ponto mais alto do pico, ações começam a cair e o investidor começa a descer a montanha russa: **Ansiedade – Negação** (mercado caindo e investidor tenta ignorar) – **Medo – Desespero**

Pânico (vende com prejuízo ou decide que venderá assim que o preço melhorar) – **Capitulação** (investidor se questiona sobre o quanto pôde estar tão errado e pensa que o mercado de ações não é para ele) – **Prostração** (ações chegaram ao fundo do poço, mas este é o momento mais propício para comprar)

Recomeça a subida da montanha russa, com os preços das ações crescendo, a princípio timidamente e, depois, de forma consistente: **Depressão – Esperança – Alívio – Otimismo**

Quando você adquire conhecimento, entendendo que o mercado de ações passa por ciclos, traça uma estratégia e pensa em longo prazo, você fica blindada (não 100%, mas bem perto disso) em relação a sentimentos de euforia ou de pânico.

Confiar em fóruns de discussão de ações – Eu adoro ler os comentários em fóruns de ações, mas utilizo esse meio com um único objetivo: diversão. E sabe por quê? Porque a maioria dos comentaristas são sardinhas (e que ninguém fique magoado, pois eu também me considero uma delas). São pequenos investidores ou *day traders* que palpitam e apostam tendências, na maioria das vezes, sem conhecimento técnico ou formação na área. O grande risco começa se você decidir seguir as recomendações de compra e venda destes estranhos. Não é porque alguém posta que agora é "Lua" ou "Foguete" ou até mesmo que "amanhã vai subir 10%", que você deve investir 50% do seu capital em certa ação.

Acreditar que vai ficar rico com *Day Trade* – Pesquisas apontam que 95% das pessoas que operam *day trade* perdem dinheiro e/ou tomam grandes prejuízos. O tempo médio de formação de um bom *trader* é de seis anos e somente alguns realmente dominam o raciocínio e mecanismos de operar com lucro consistente. Pense bem na combinação risco-retorno e na sua saúde mental antes de colocar suas fichas em operações diárias e arriscadas.

Concentrar o seu patrimônio em um único investimento ou ativo – Excesso de concentração é um dos maiores erros dos investidores iniciantes. Se você se posiciona 100% em ações e a bolsa entrar em *Bear Market*, seus prejuízos serão grandes, assim como, ao apostar em ativos de uma única empresa se expõe a um grau de risco desnecessário. Eu mencionei diversificação algumas vezes durante nossa caminhada, mas não mencionei que o criador da teoria moderna do portfólio, o economista Harry Markowitz, ganhou um prêmio Nobel de Economia por seus estudos referentes à elaboração de uma carteira que representasse o maior retorno com o menor risco possível. A Teoria de Markowitz nos ensina que o remédio para o excesso de concentração é a diversificação, com variados tipos de investimento e diversas classes de ativos.

Focar apenas no curto prazo – Que investe de olho no curto prazo são *traders* e sobre as incertezas desse tipo de operação, nós já tratamos aqui. Mulheres que sabem enriquecer entendem que o prazo é primordial para a rentabilidade. Nos investimentos de renda fixa, maior prazo significa taxas mais atrativas a serem oferecidas pelos emissores e potencialização dos ganhos através de juros compostos. Na renda variável, maior prazo significa dar tempo suficiente para a atividade empresarial gerar frutos e para as empresas nas quais você investe se expandirem, gerando crescimento do valor da ação e possíveis distribuições de lucros com dividendos.

Não rebalancear a carteira – Uma carteira de ações equilibrada e com ativos divididos em proporções racionais minimiza riscos e potencializa chances de ganhos. Quando você tem em sua carteira ações de uma empresa que cresce demais, por exemplo, o ativo quadriplica o seu preço, a sua carteira pode ficar desbalanceada. É interessante que você venda parte dessas ações, coloque um pouco de lucro no bolso e mantenha a proporção desse ativo em consonância com os demais que você possua.

Ter perfil *Kamikaze* – Na segunda guerra mundial, os pilotos japoneses, chamados de *Kamikaze*, arremessavam os seus aviões em direção aos navios das tropas aliadas. Eram soldados treinados para morrer. Na bolsa, pouquíssimas pessoas são mestres em operações de altíssimo risco e, mesmo alguns dos mais graduados, já vivenciaram a experiência de perder todo o seu patrimônio em uma única operação de poucos segundos. Em 2019, a Empiricus gravou uma série de depoimentos e, em um deles, um *trader* contou ter "quebrado" sete vezes.

Em outro depoimento marcante, o operador aposentado e atual escritor de sucesso Ivan Sant'Anna, do qual tenho o livro "Os mercadores da noite", relatou um episódio no qual sua esposa saiu para comprar uma cobertura no Rio de Janeiro. Do stand de vendas, ela ligou entusiasmada e disse que estava compensando comprar duas coberturas e Ivan deu sua aprovação. Minutos mais tarde, a esposa ligou para avisar que iria fazer um cheque e Ivan disse que não o fizesse, pois havia perdido o dinheiro em uma operação. Ela então afirmou que iria comprar somente uma cobertura e ele disse: "Não. Eu perdi o dinheiro das duas coberturas."

Por isso, você não me verá falar sobre alguns mecanismos de risco neste livro. Você certamente ouvirá sobre algumas destas operações na sua trajetória como investidora: operar vendido, alavancagem, opções, mas eu não as adoto. Prefiro pensar com Warren Buffett, o mestre dos investidores de longo prazo: **"Regra número 1: nunca perca dinheiro. Regra número 2: não se esqueça da regra número 1."**

Não estudar o mercado com regularidade – Por falar em Buffett, também é dele um simples ensinamento: "Nunca invista em um negócio que você não entende." Perceba nessa frase a sua necessidade de aprender sobre investimentos o tempo todo, até mesmo porque trata-se de um ambiente dinâmico e em constante atualização. Eu estudo todos os dias, no mínimo, por uma hora. São podcasts, mensagens do Telegram, vídeos, artigos, apps e livros. O meu café da manhã e a preparação do lanche da escola do meu filho são momentos em que eu utilizo para ouvir pessoas que sabem mais do que eu. Cerque-se de informações avindas dos melhores e atualize-se para fazer investimentos cada vez melhores.

30 – COMPRAR OURO COMO PROTEÇÃO

Quando uma crise econômica se instala, todo mundo começa a falar em ouro e sabe por quê? Porque o ouro é o investimento mais antigo e mais seguro que existe. Se acontece um colapso global, bancos podem quebrar, ações podem perder a maior parte do seu valor, o câmbio vai ficar insano, mas o ouro será soberano. Por ser um ativo líquido e aceito em mercados do mundo todo, o ouro é uma boa opção de diversificação, tanto para perfis conservadores e moderados, quanto para pessoas com uma carteira arrojada.

Você pode investir em ouro em diversas maneiras, sendo uma delas a compra do ouro físico, em barras de diversos tamanhos. Uma instituição bastante segura para comprar o ouro é o Banco do Brasil (BB), porém essa opção está disponível apenas para correntistas do banco e na modalidade escritural, o que quer dizer que você não poderá levar o ouro para casa. O BB vende o ouro escritural em quantidades múltiplas de 25 gramas e não cobra taxa de corretagem, somente uma taxa de custódia. A recompra também é garantida pelo banco com liquidação d+0, o que quer dizer que o BB pagará no mesmo dia. Para deixar bem claro, custódia é o serviço de guarda e proteção do ouro feito pelo banco e o custo é de 0,15% ao mês sobre o montante custodiado na instituição bancária.

Caso você queira comprar o ouro e guardar em casa, existem empresas credenciadas para venda de ouro em barra-lingote, sendo a Parmetal e a Ouro Minas algumas das mais conhecidas. Essas empresas também oferecem o serviço de custódia do metal e outro ponto interessante é que você pode comprar a barra e guardar em casa e eles oferecem barras em tamanhos menores também. É preciso consultar os procedimentos junto a cada empresa, mas, geralmente, você pode buscar a sua barra na empresa (mas é um pouco perigoso carregar o seu ouro pela rua, certo?) ou você pode solicitar a entrega no seu endereço, sujeito a custos de seguro e transporte.

Outra maneira de investir no metal é através da B3, que negocia o lote padrão de ouro fino, correspondente a um lingote de 250 gramas, com teor de pureza de 999,0 partes de ouro fino para cada 1.000 partes de metal, sob o contrato OZ1D. O lingote de 250g possui um valor bastante alto, sendo que o valor da data que escrevo este capítulo é R$ 308 reais, o que perfaz um valor total de R$77.000,00. Para investidores que não possuem esse montante, a B3 negocia também lotes fracionários e 10g (OZ2D) e lotes fracionários de

0,225g (OZ3D). Caso você queira vender o contrato e resgatar o seu dinheiro, o resgate terá um prazo de D+ 1, ou seja, o dinheiro estará disponibilizado na conta da sua corretora um dia útil após a data da solicitação.

Por fim, vamos falar sobre a opção de comprar ouro através de fundos. Existem vários produtos no mercado, tais como o BTG Pactual Ouro, Órama Ouro Fundo de Investimento Multimercado, Trend Gold XP e Vitreo. Os fundos são tributados no resgate pelo IR através de uma tabela regressiva, ou seja, quanto mais tempo o investimento permanecer no fundo, menor será a alíquota de imposto aplicada. Além disso, estão sujeitos à tributação de IOF e incidência de imposto de renda de 15% sobre o rendimento semestral.

Na minha opinião, no caso de um colapso global catastrófico que implicasse em uma falência em larga escala do sistema financeiro, a proteção de fato seria ter o metal em casa, pois penso que muitas instituições não teriam recursos disponíveis para cumprirem com suas obrigações para com todos os clientes que solicitassem regate. Porém, como não disponho de uma estrutura segura para guardar ouro em casa, eu e o Jean optamos pelo fundo de ouro da Vitreo, que é composto por 80% de OZ1D e 20% em ETFs no exterior, tendo, portanto, a proteção do ouro e a proteção cambial do dólar.

Com a crise do Coronavírus, o ouro se tornou o primeiro colocado em rentabilidade dentre todos os investimentos, se valorizando 52,97% no primeiro semestre de 2020, seguido pelo dólar, que teve valorização de 35,86%. Em dados divulgados pelo site Economatica, o retorno do ouro nos últimos 12 meses foi de 76,79%. De modo que, assim que a sua carteira estiver mais robusta e com a sua reserva de emergência formada, eu recomendo que você invista parte do seu capital no nobre metal. Combinado?

31 – SIM, VOCÊ PRECISA DECLARAR IMPOSTO AO INVESTIR

A primeira regra que você deve seguir para preencher a sua declaração de imposto de renda (IR) corretamente é declarar todos os seus investimentos (renda fixa e renda variável), independente de qual seja a sua renda e se o investimento foi resgatado ou não. Mesmo as aplicações isentas de imposto deverão ser declaradas. As pessoas normalmente se confundem sobre declarar ou não em duas situações:

1 – Pessoa isenta de declarar imposto (não atinge renda mínima) mas que possui ações e outros investimentos;

2 – Pessoa possui ações, mas não efetua vendas superiores a 20 mil reais no mês.

Para os dois casos acima citados, a resposta é: você precisa, obrigatoriamente, fazer declaração de IRPF (individualmente ou como dependente de outra pessoa) porque necessita reportar operações realizada na bolsa de valores.

Este capítulo é muito técnico e eu o deixei propositadamente para o final. Não se preocupe em absorver todos os detalhes. Pense neste capítulo como um material de apoio para quando for fazer a sua declaração. Eu não vou entrar em detalhes sobre o preenchimento das fichas e dos códigos, porque algumas regras mudam periodicamente e, de um ano para outro, os códigos podem variar também. Fazer esse preenchimento não é algo impossível de fazer, mas dá um trabalho grande e você terá de consultar informações atualizadas na internet. Por isso, vou me deter às linhas gerais.

Você deverá lançar cada investimentos duas vezes na declaração, sendo o primeiro lançamento na ficha "Bens e Direitos" e o segundo lançamento será feito ou na ficha "Rendimentos isentos e não tributáveis" ou em "Rendimento sujeito à tributação exclusiva". Na ficha "Bens e Direitos", você deverá declarar todos os investimentos que possui até o último dia do ano fiscal para o qual você está prestando contas. Os rendimentos isentos serão declarados na ficha "Rendimentos isentos e não tributáveis". São isentos: Poupança, Dividendos, LCI, LCA, CRI, CRA e Debêntures Incentivadas. Os rendimentos que possuem incidência de imposto serão lançados na ficha "Rendimento sujeito à tributação exclusiva".

Grande parte das informações para preenchimento das fichas no programa da receita estarão no "Informe de Rendimentos", o qual você poderá baixar no site da corretora ou do banco onde você possuir os investimentos. No caso de ações, geralmente os bancos enviam os informes de rendimento de cada ação, separadamente, no seu e-mail ou por carta via correios. Para saber os preços de compra que você pagou em cada ação, consulte as "Notas de Negociação" ou "Notas de Corretagem", disponíveis no site da corretora.

Renda Fixa - Regras gerais:

Os rendimentos de renda fixa são tributados exclusivamente na fonte. E normalmente, o investidor não precisa realizar nenhum cálculo de lucro adicional, exceto em relação à previdência privada, devido aos regimes diferenciados, o VGBL e o PGBL;

1. Saldos superiores a 140 reais e rendimentos de aplicações como CDB, LCI, LCA, debêntures e títulos públicos precisam ser declarados;

2. Mesmo os investimentos isentos de incidência de imposto devem ser informados;

3. O imposto dos títulos de Tesouro Direto será cobrado através de uma tabela regressiva, o que significa que quanto mais longo for o período de investimento, menor o imposto devido. O imposto é descontado no momento do resgate do título ou quando o título vence, e a tributação incide somente sobre o lucro, de acordo com a seguinte tabela: 22,5% – aplicações até 180 dias; 20% – aplicações de 181 até 360 dias; 17,5% – aplicações de 361 até 720 dias e 15% – aplicações acima de 720 dias. Mesmo tendo o imposto descontado na fonte, os dados devem ser informados na declaração.

4. Se você resgatou algum título que teve imposto retido na fonte, deverá declará-lo na ficha "Rendimento sujeito à tributação exclusiva/definitiva". Nessa ficha entrarão os investimentos tipo CDB, Tesouro Direto, fundos de investimentos e Debêntures.

Ações, ETFs e Fundos de Ações - Regras Gerais:

1. Toda pessoa que opera na bolsa de valores deve declarar IRPF, independentemente de sua renda e do valor de ações que possua;

2. Ganhos líquidos obtidos por pessoa física nas vendas no mercado à vista cujo valor dentro de um mês seja inferior a 20 mil reais estão isentos de tributação de imposto de renda.

3. As vendas acima de 20 mil reais dentro do mês (não é período de 30 dias e sim mês) devem ser lançadas no programa da Receita, o "GCAP". Deve-se registrar lucros ou perdas. Quando ocorrer ganho de capital nas vendas acima de R$ 20 mil no mês, o lucro sofrerá tributação de 15%;

4. No caso de operações *Day Trade*, (compra e venda de uma ação no mesmo dia ou vice-versa), a alíquota é de 20% sobre o lucro e o pagamento deve ser feito por DARF até o último dia útil do mês. Declare *Day Trade* ou operações comuns acima de R$20.000,00 – Em "Operações Comuns/*Day Trade*", informe o valor mês a mês (lucro ou prejuízo), separando o que foi *day trade* e o que foi operação comum. Para o lançamento do mês de janeiro, veja se há prejuízos para compensar do mês de dezembro do ano anterior. Use o campo "Prejuízos a compensar" e coloque um sinal negativo antes do valor. Após lançar todos os meses, em "Consolidação do Mês", verifique o campo "Imposto a pagar" e

informe o valor que você pagou na DARF em "Imposto pago". Para compensar IR retido na fonte, você deve colocá-lo em "IR fonte (Lei nº 11.033/2004) no mês".

5. Nos meses, em que não foi efetuado *day trade* ou foram vendidas ações abaixo de R$ 20 mil, informe 0,00 nos campos. Declare as vendas mensais abaixo de R$ 20 mil no campo "Ganhos líquidos em operações no mercado à vista negociadas em bolsas de valores";

6. As corretoras recolhem 0,005% nas vendas comuns de ações e 1% do rendimento obtido no *Day Trade* como forma de fiscalizar as atividades dos investidores e informar à Receita. Esse imposto retido também é popularmente chamado de "dedo-duro". O restante do imposto devido deve ser pago pelo investidor, via DARF.

7. A alíquota de IR será de 15% para fundos de ações e ETFs e o imposto é retido na fonte, o que não desobriga a declaração da posse e do rendimento destes;

8. Os dividendos de ações são isentos de Imposto de Renda, mas os JCP - Juros sobre o Capital são tributados com uma alíquota de IR de 15% ao ano. Você deve declarar os dividendos na ficha "Rendimentos Isentos e Não Tributáveis", campo "Lucros e dividendos recebidos". Declare Juros sobre Capital Próprio (JCP) na ficha "Rendimentos Sujeitos à Tributação Exclusiva", campo "Juros sobre capital próprio". Caso o JCP ainda não tenha sido pago, você deverá também informá-lo na ficha "Bens e Direitos", campo "Outros créditos e poupança vinculados. No ano seguinte, quando o JCP tiver sido pago, será necessário "zerar" o valor na ficha "Bens e Direitos".

Fundos Imobiliários - Regras gerais

1. Os dividendos são isentos de incidência de imposto nos casos em que o investidor possua no máximo 10% de cotas do FII, que o fundo tenha ao menos 50 cotistas (pessoa física) e que as cotas sejam negociadas na bolsa de valores ou no mercado de balcão;
2. Na seção "Bens e Direitos", lançar cada fundo separadamente no campo Fundo de Investimento Imobiliário. Note que deverá ser inserido o valor de aquisição, visto que você ainda não vendeu as cotas e não apurou lucro ou prejuízo. Caso você tenha realizado mais de uma compra, você deverá calcular o custo médio das cotas;
3. Declare todos os proventos/dividendos recebidos através do fundo no campo "Rendimentos isentos e não tributáveis";
4. O lucro obtido na venda das cotas sofrerá incidência de 20% de imposto;
5. Declare o lucro sobre venda de cotas, cujo imposto deve ser pago através de DARF, até o último dia útil do mês subsequente à venda. Para declarar no IR, no menu "Renda Variável", busque o campo "Operações Fundo Investimentos Imobiliários". Nesta ficha, você deverá declarar o resultado líquido (desconte todas as taxas pagas à corretora) mês a mês ou do mês em que você realizou a operação de venda. Declare tanto lucro quanto prejuízo, e o imposto que pagou a cada mês. Caso você não tenha recolhido o imposto de vendas através do DARF, ao lançar os dados nesta ficha, o programa irá calcular o imposto devido e que deverá ser pago.

32 – QUANDO O FIM É APENAS O COMEÇO

Chegamos ao que parece ser o fim da nossa caminhada. Parece. De agora em diante abre-se um novo horizonte para você, com muitas tarefas em prol do futuro e da independência financeira que tanto almeja. Desejo que continuemos juntas nessa caminhada e vou adorar receber feedbacks, saber a sua trajetória e até mesmo festejar as suas vitórias, caso você me dê a honra de tomar conhecimento de suas conquistas. Quero compartilhar com você as minhas redes e fazer um pedido especial.

Como você pode se conectar comigo:

No Instagram - @macedokathleen (perfil pessoal) ou @deal.br (espaço para falar sobre investimentos;

No YouTube – Canal Kate Macedo, onde compartilho vídeos descontraídos sobre assuntos gerais, família e lifestyle.

No meu site – www.kathleenmacedo.com

No meu blog – www.katemacedo.com.br onde você vai ver uma miscelânea da minha vida, receitas, viagens e alguns textos.

Por fim, o pedido especial: gostaria de gentilmente solicitar que você escreva uma avaliação sobre o meu livro no **site da Amazon**, na página de vendas do meu livro. Vai ser de grande importância para mim, não somente a título de aprendizado, lendo as suas considerações sobre o meu trabalho, mas também para ajudar na divulgação do livro para outras pessoas. Agradeço antecipadamente pela sua valorosa contribuição.

Espero que você tenha apreciado a nossa jornada juntas tanto quanto eu apreciei escrever este livro. Desejo que nossa convivência seja longa e próspera tanto quanto acredito que será o seu futuro financeiro. Até breve, um abraço, e nos vemos por aí.

www.ingramcontent.com/pod-product-compliance
Lightning Source LLC
Chambersburg PA
CBHW060418220526
45465CB00008B/2934